südwest

Renate Hirschberger

Bauch-tanz

Mit sinnlicher Bewegung zu körperlicher Harmonie

Inhalt

Sinnlich und verführerisch – zum Bauchtanz gehören auch Glitzer und Glamour: Kostüme, die dem weiblichen Körper schmeicheln.

Schleiertanz für Fortgeschrittene – ein Spiel mit Verhüllung und Enthüllung.

Hingabe an die Musik führt zu fließenden und sinnlichen Körperbewegungen und ausdrucksstarkem Tanz.

Einige Worte zu diesem Buch

Das Faszinosum des Bauchtanzes ist seine Erdverbundenheit und seine gleichzeitige Anmut. Die Tänzerinnen haben festen (traditionell barfüßigen) Kontakt mit dem Boden und bewegen sich bei vielen Figuren breitbeinig mit leicht gebeugten Knien. Doch trotz dieser »Erdenschwere« wirkt der Tanz leichtfüßig, locker und graziös. Die weichen kreisenden und schwingenden Beckenbewegungen und die schlängelnden Hand- und Armbewegungen verleihen ihm eine unnachahmliche Sinnlichkeit.

Ein uralter Tanz aus dem Bauch heraus

Noch vor 20 Jahren galt Bauchtanz als etwas fast Anrüchiges – dabei ist gerade der Bauchtanz ein sehr ursprünglicher Tanz, der eine jahrtausendealte Tradition besitzt und dessen spezifische Elemente, die erotischen Hüft- und Bauchbewegungen, in Kulturen auf der ganzen Welt auftauchen. Ursprünglich wohl ein ritueller Tanz stand er im Zusammenhang mit den großen Themen des Lebens: Sexualität, Geburt und Tod. Dann entwickelte er sich, hauptsächlich im Orient, zum Volkstanz und schließlich zur Kunstform des Orientalischen Tanzes, der von Profitänzerinnen ausgeübt wurde und wird. Doch seine Ursprünglichkeit ist diesem Tanz immer noch anzumerken. Er ist ein »Frauentanz«, obwohl ihn auch Männer meisterhaft ausführen können. Bauchtanz akzeptiert den weiblichen Körper so, wie er ist. Er ist eine ganzheitliche Bewegung, die Frauen ihre Mitte und ihre Balance finden lässt. Hierin liegt wahrscheinlich das Geheimnis, dass Bauchtanz keine Modeerscheinung ist – so wie manche Modetänze oder Sport- und Fitnessarten, die oftmals ebenso schnell verschwinden, wie sie aufgetaucht sind.

Lebenslust, Gesundheit und Selbstbewusstsein

Viele Frauen sind heute einer Doppelbelastung ausgesetzt. Der alltägliche Stress führt zu Verspannungen und Beschwerden – physisch und psychisch. Dem wirkt Bauchtanz entgegen. Durch die Bewegung des ganzen Körpers wird die gesamte Muskulatur gelockert und gestärkt; Brust, Arme und Bauch werden gestrafft. Die stolze, aufrechte Haltung, die diesem Tanz zu eigen ist, bessert Haltungsschäden. Die genuin weiblichen kreisenden Becken- und Bauchbewegungen kommen Frauen auch in anderer Hinsicht entgegen: Bauchtanz hilft während der Schwangerschaft locker zu bleiben, und darüber hinaus ist er hervorragend für die Rückbildungsphase nach der Geburt geeignet. Und nicht zuletzt: Bauchtanz macht Spaß. Er ist für Frauen jeden Alters Ausdruck weiblichen Selbstbewusstseins.

Grundkurs Bauchtanz – für Anfänger und Fortgeschrittene

Dieses Buch ist zwar für Anfänger geschrieben; es ist aber auch ein Nachschlagewerk für Fortgeschrittene, die bestimmte Grundkenntnisse wieder auffrischen wollen. Das erste Kapitel gibt einen Überblick über die Geschichte des Bauchtanzes, seine heutige Bedeutung und seine gesundheitlichen Aspekte. Das zweite Kapitel vermittelt Ihnen, was Sie bei den Bauchtanzübungen grundsätzlich beachten müssen. Das dritte und natürlich größte Kapitel ist der reich bebilderte »Grundkurs Bauchtanz«, der nach Bewegungsfamilien geordnet ist und von leichteren zu schwierigeren Figuren und Schritten übergeht. Im vierten Kapitel erfahren Sie einiges über die suggestive Musik, die dem Tanz seinen speziellen Rhythmus vorgibt, und Sie erhalten Vorschläge für Bewegungskombinationen und -variationen sowie eine ausführliche Choreografie zu dem Stück Nr. 2 auf der diesem Buch beiliegenden CD.

Tanzen mit Musik – 60 Minuten Bauchtanzmusik auf CD

Bauchtanz und die dazugehörige Bauchtanzmusik sind untrennbar miteinander verbunden. Deshalb liegt diesem Buch eine CD mit ca. 55 Minuten Musik bei. Sie enthält Übungsmusiken, angelehnt an »klassische« ägyptische und marokkanische Bauchtanzmusik.

Bauchtanz – präsentiert von Yasmine

Die Fotos in diesem Buch zeigen Yasmine, dreifache Europameisterin im Orientalischen Tanz. Sie stellt im Schritt-für-Schritt-Grundkurs einzelne Phasen der Figuren und Bewegungen anschaulich dar. Und sie bringt in ihren Kostümen auch den erotisch-sinnlichen Aspekt mit ins Bild.

Die Arbeit an diesem Buch hat allen Beteiligten viel Spaß gemacht. Wir wünschen Ihnen genauso viel Freude – und vor allem Lust auf Bauchtanz.

Bauchtanz – von den Anfängen bis heute

Die Geschichte des Bauchtanzes erstreckt sich über einen Zeitraum von mehreren Jahrtausenden. Prähistorische Darstellungen von bauchtanzenden Frauen belegen, dass er in verschiedenen Formen auf der ganzen Welt existierte. Seine Verbreitung reicht von Indien über den Nahen Osten und Nordafrika bis nach Spanien und Südamerika. Vermutlich wurde er von Zigeunern als Relikt uralter Fruchtbarkeits- und Geburtstänze tradiert.

Vom Geburtstanz zum Showtanz

Faszination Bauchtanz

Eine lange Tradition und ein großer Zauber – beides wird mit dem Bauchtanz verbunden. Jahrtausendealte Funde belegen, dass der Bauchtanz mit seinen charakteristischen Hüftbewegungen seit Menschengedenken existiert. Bevor Sie die Bauchtanzübungen kennen lernen, erfahren Sie in diesem Kapitel, wie die typischen Hüft- und Beckenbewegungen in Afrika in Fruchtbarkeits- und Geburtstänzen eingesetzt wurden und wie sich der Bauchtanz durch ägyptische Kabarettvorstellungen und arabische Tanzfilme zum heutigen Unterhaltungstanz entwickelt hat.

Doch wie gelangte der Bauchtanz nach Europa? Nicht nur das, sondern auch warum immer mehr Frauen diesem Tanz »verfallen« und nicht mehr von ihm loskommen, erfahren Sie hier. Entscheidend dabei ist ein faszinierendes Körpergefühl, eine Erfahrung, die Sie so nur der Bauchtanz erleben lässt. Die Erotik, die Sinnlichkeit, der Einklang von Körper und Geist und viele weitere Aspekte geben diesem Tanz etwas Besonderes, etwas Einzigartiges. Auch die zahlreichen positiven Auswirkungen, die Bauchtanz als Ganzkörpertraining auf den weiblichen (ebenso wie den männlichen) Körper und die Psyche haben kann, werden kurz erläutert, wie z. B. die Verbesserung der Haltung oder die kräftigende und unterstützende Funktion für die Zeit während und nach einer Schwangerschaft.

Tauchen Sie ein in die Geschichte und in das Faszinosum dieses jahrtausendealten Tanzes, bevor Sie sich den praktischen Kapiteln dieses Buches zuwenden.

Bauchtanz – ein ritueller Tanz ...

Der Bauchtanz blickt auf eine überaus lange Geschichte zurück. In vielen Kulturen spielte diese Art der Bewegung eine wichtige Rolle im gesellschaftlichen Leben. Zahlreiche Zeugnisse aus der Zeit vor Christi Geburt belegen, dass der Bauchtanz nicht erst seit wenigen Jahrhunderten existiert, sondern in verschiedenen, regional doch sehr unterschiedlichen Ausprägungen bereits vor mehreren Jahrtausenden bestand.

Das Wort »Bauchtanz« wurde von Europäern geprägt, die im 19. Jahrhundert in orientalische Länder reisten. Die Bewegungen gehen jedoch weniger vom Bauch, sondern weitaus mehr vom Becken aus. Die korrekte Bezeichnung für Bauchtanz ist »Orientalischer Tanz« (Raqs Sharqi).

Bauchtanz – von den Anfängen bis heute

Untersuchungen prähistorischer Skulpturen und Felsmalereien in unterschiedlichen Ländern weisen nach, dass die dargestellten Tanzposen denen des Bauchtanzes entsprechen. Sie zeigen typische Hüft- und Bauchbewegungen, die unter anderem auf uralte Geburtstänze zurückgehen.

Ein markantes Beispiel findet sich bei den aus Zentralafrika stammenden Pygmäen, von denen überliefert ist, dass sie ein sehr tanzfreudiges Volk waren. Neben den rituellen Geburtstänzen der Frauen, die dabei kräftige Hüftbewegungen einsetzten, führten Männer und Frauen gemeinsam erotische Fruchtbarkeitstänze auf, die nach Augenzeugenberichten aus »ruckartigen und schwungvollen Beckenbewegungen« bestanden.

Auch in anderen Teilen der Erde kann diese Form des tänzerischen Ausdrucks belegt werden. So wurde der Bauchtanz in weiten Teilen Südasiens schon vor langer Zeit ausgeübt – ein Beispiel dafür ist Indien. Dort waren die geschmeidigen Bewegungen des Bauchtanzes in die erotischen Tänze der Tempelpriesterinnen integriert. Mit kreisenden Beckenbewegungen tanzten die so genannten Yakshis für ihre Götter.

Viele orientalische Familien feiern nach wie vor mit strenger Geschlechtertrennung. Im Iran und in Saudiarabien sind öffentliche Bauchtanzveranstaltungen generell untersagt. Sie gelten als unziemlich und lasterhaft.

... und ein Tanz für Feste

Im mittelalterlichen Ägypten entwickelten sich die alten tänzerischen Formen vom Ritual zur Unterhaltung weiter. Die so genannten Ghawazi, Frauen, die der Volksgruppe der Zigeuner angehörten, tanzten in Höfen und auf Marktplätzen, um sich ihren Lebensunterhalt zu sichern. Diese Frauen waren aufgrund ihres Rufs, durch sexuelle Kontakte Geld zu verdienen, nicht besonders gern in vornehmen Häusern gesehen – im Gegensatz zu den Almehs, den professionellen Sängerinnen und Musikantinnen. Die Almehs waren als Unterhalterinnen in den Harems der reichen Familien willkommen, und neben den Darbietungen der musikalischen und tänzerischen Künste wurde ihnen die Aufgabe zuteil, mit sinnlichen Tänzen die Frauen die Kunst der Verführung zu lehren. Gleichwohl haftete ihnen ein gewisses Stigma an, das sich teilweise bis heute erhalten hat. Bei aller Bewunderung und reichlicher Entlohnung – Bauchtänzerinnen waren und sind keine Frauen zum Heiraten.

Auch heutzutage sind Bauchtanzdarbietungen in vielen Ländern der Arabischen Halbinsel und der Türkei ein fester Bestandteil großer Familienfeiern wie Hochzeits- und

Beschneidungsfesten. Die wohlhabenden Familien können es sich leisten, für diese Veranstaltungen professionelle Tänzerinnen zu engagieren; in den ärmeren Familien werden die Tänze von den Familienmitgliedern dargeboten.

Der Sprung über den großen Teich

Öffentliches Tanzen bei Feiern, also Schautanzen, wurde offenbar schon seit langem als belebendes Element eingesetzt und entwickelte sich im Laufe der Zeit zum Showtanz auf den Bühnen der Welt. Eine Vorreiterrolle hatten die USA inne. Auf der Weltausstellung in Chicago 1893 führte die Tänzerin »Little Egypt« mit ihrer Gruppe den Bauchtanz vor. Nach anfänglicher Ablehnung wurden diese Tanzdarbietungen zu einer Attraktion der Ausstellung. Damals galt der Bauchtanz allerdings noch als etwas anrüchig, sodass er von den puritanischen Amerikanern offiziell nicht akzeptiert wurde. Ein halbes Jahrhundert später hingegen wurde er in den USA zum Steckenpferd der »Women s Lib« (der Frauenbewegung).

Die Entwicklung zum Showtanz

In seinem Heimatland Ägypten veränderte sich der Tanz, der das alltägliche Leben der Menschen begleitete, immer stärker zum typischen Bühnenshowtanz. 1920 wurde das erste Kabarett des Landes, das Casino Opera, eröffnet. Zu den unterschiedlichen Darbietungsformen gehörten unter anderem Tanz, Gesang, Kabarett, Theater, Kleinkunst und Musik.

Klassisch ägyptisch im Kleopatra-Look: Kostüme für den Showtanz sind aufwendige Handarbeit.

Das Casino Opera war auch der Wirkungsort des berühmten Sängers und Oud-Spielers Mohammad Abdul Wahab sowie bekannter Tänzerinnen wie Tahia Carioca und Samia Gamal.

Badia Masabni entwickelte ihren eigenen Tanzstil, indem sie zu den traditionellen Hüftbewegungen auch Arme, Schultern und Kopf in den Tanz miteinbezog. Und sie kreierte neue Tänze wie den Leuchtertanz, der von ihren Tänzerinnen ein hohes Maß an Körperbeherrschung erforderte.

Um ihre Visionen von Tanz in die Tat umzusetzen, ließ Badia Masabni in ihrem Casino eine große Bühne errichten, um den Spielraum für die Möglichkeiten des Bauchtanzes ausschöpfen zu können.

Ihren Tänzerinnen vermittelte sie in lang andauernder, gemeinsamer harter Arbeit die Ästhetik von schlanken Körpern. Dies hatte zur Folge, dass der Eindruck des zum Teil enormen Körperumfangs der Bauchtänzerinnen durch deren Ausstrahlung nachhaltig überdeckt wurde.

Badia Masabni war maßgebend an der Entwicklung des Bauchtanzes zum Bühnenshowtanz beteiligt und gab dem Orientalischen Tanz, dem Raqs Sharqi, neue Formen mit auf den Weg – während sich die Bevölkerung weiterhin am Raqs Baladi, dem volkstümlichen Tanz, erfreute.

Der von Badia Masabni entwickelte Leuchtertanz ist mittlerweile fester Bestandteil von Bauchtanzdarbietungen.

Vermischung östlicher und westlicher Stile

Die ersten Solotänzerinnen des Bauchtanzes, Tahia Carioca, Naima Akef und Samia Gamal, feierten in den dreißiger und vierziger Jahren des 20. Jahrhunderts große Bühnenerfolge.

In der Zeit von 1950 bis 1960 erschienen die Bauchtanzdarbietungen, die bis dahin der Unterhaltung für ein am Kabarett interessiertes Publikum gedient hatten, in einem neuen Medium, da das Genre der arabischen Tanzfilme entstand. Bereits nach kurzer Zeit erfreuten sich diese Filme großer Beliebtheit und feierten bei Preisverleihungen auch legendäre Triumphe.

Tahia Carioca war in zahlreichen Tanzfilmen in der Hauptrolle zu sehen, was ihren Ruhm im arabischen Raum enorm vergrößerte. Als Vorbilder ägyptischer Tanzfilme fungierten Musicalfilme im Hollywoodstil. Die Tänzerinnen trugen europäische Haute Couture und waren auch in diesem Stil frisiert; der Tanzstil entsprach ebenfalls eher den westlichen Vorstellungen von Bauchtanz.

Eine weitere Größe im Bauchtanz war Mahmoud Reda, der Gründer des staatlichen Folkloreensembles Ägyptens. Die Idee für ein solches Ensemble hatte er Mitte der fünfziger Jahre, als eine argentinische Folkloregruppe in Kairo auftrat. Reda beschäftigte sich mit der Musik und den Tänzen seines Volkes und brachte Letztere in opulenten Inszenierungen mit zahlreichen Tänzern und Tänzerinnen zum Klang eines großen Orchesters auf die Bühne. Trotz des Showcharakters versuchte er die Ursprünglichkeit der Folklore und des Orientalischen Tanzes zu bewahren. Mahmoud Reda wurde einerseits aufgrund der vielen westlichen Ballettelemente in seinen Choreografien kritisiert, feierte andererseits aber mit seinem Ensemble weltweit beachtliche Erfolge.

Die letzten »grandes dames« des Bauchtanzes

Die siebziger und achtziger Jahre standen im Zeichen zweier legendärer Solotänzerinnen, die nach wie vor zu den Vorbildern der Nachwuchstänzerinnen zählen: Nagua Fouad und Suheir Saki. Während Letztere den traditionellen Orientalischen Tanz in Reinform verkörperte, ließ Nagua Fouad auch westliche Elemente mit einfließen. Beide feierten über die Landesgrenzen hinaus große Erfolge, und mit ihrem Abschied von der Bühne soll auch »die Ära der großen Tänzerinnen Ägyptens« geendet haben.

Westliche Frauen und der Bauchtanz

Um die Jahrhundertwende und in den zwanziger Jahren des 20. Jahrhunderts gab es in der europäischen Kunst mehrere Orientwellen. Reiseberichte über die märchenhafte arabische Welt weckten zudem das Interesse der Künstlerszene. Tänzerinnen wie Mata Hari, Ruth St. Denis oder Anita Berber »schlängelten« sich auf den Bühnen. Doch es sollten noch einige puritanisch geprägte Jahrzehnte vergehen, ehe dem Bauchtanz der Durchbruch gelang. Westliche Frauen mussten sich erst von einengenden Moralvorstellungen lösen, um sich für einen so körperbetonten Tanz begeistern zu können. Erst durch die Flower-Power-Generation, die »sexuelle Revolution« sowie die Frauenbewegung in den sechziger und siebziger Jahren in den USA findet der Orientalische Tanz seine verdiente Anerkennung. Frauen in Aufbruchsstimmung waren begeistert von der weiblich erotischen Ausdruckskraft des Raqs Sharqi.

Baladi oder Raqs Baladi – so wurde der volkstümliche (Bauch-)Tanz in Ägypten genannt. Hiervon unterscheidet sich der Raqs Sharqi (auch Raqs al Sharqi), der Orientalische Tanz, der auch Ballettelemente enthält und einen höheren künstlerischen Anspruch hat.

Warum immer mehr Frauen den Bauchtanz entdecken

Viele Frauen genießen es, ihren Bauch nicht mehr verstecken zu müssen und ihn beim Bauchtanz in allen Variationen zeigen und einsetzen zu können. Auch die Verbundenheit des Körpers mit dem Himmel und der Erde, das Wachsen von der Mitte aus nach oben und unten, erzeugt ein einzigartiges Körpergefühl.

Als in den siebziger Jahren des 20. Jahrhunderts der Bauchtanz über die USA seinen Weg zu uns nach Europa fand, galten Frauen, die diesen »exotischen« Tanz ausübten, noch als Pionierinnen. Anfang der achtziger Jahre boomte Bauchtanz als Ausdruck eines neuen Körpergefühls, und in den Großstädten schossen Bauchtanzstudios wie Pilze aus dem Boden. Das Bauchtanzfieber war nicht mehr aufzuhalten.

Vielschichtige Motivationen

Was macht diesen Tanz so attraktiv? Die Motivationen, einen Kurs zu belegen, sind vielfältig.

- Viele Teilnehmerinnen an Kursen waren von Bauchtanzvorführungen in der Türkei, Ägypten oder Marokko so begeistert, dass sie diese Art der Bewegung selbst ausprobieren möchten.
- Die orientalische Musik übt auf manche Frauen eine besondere Faszination aus.
- Andere wiederum praktizieren Bauchtanz der Fitness und des Wohlbefindens wegen oder einfach aus Spaß und Freude!
- Vor allem das neue Körpergefühl ist ein wichtiger Aspekt des Bauchtanzes. Da das westliche Schönheitsideal den Frauen vorschreibt, den Bauch einzuziehen, damit er möglichst flach erscheint, und die Körpergröße oft durch eingezogene Schultern und eine geduckte Körperhaltung nicht richtig zur Geltung kommt, war und ist der Bauchtanz eine Art Befreiungsschlag.
- Viele Frauen, die der ganzheitlichen Medizin anhängen, finden durch die positiven gesundheitlichen Aspekte des Orientalischen Tanzes zum Bauchtanz. Denn auch in die Geburtsvorbereitung sowie in die Rückbildungsphase nach der Geburt (siehe Seite 18f.), in die Krankengymnastik und in verschiedene Arten der Heil- und Entspannungsgymnastik fließen Bauchtanzbewegungen ein.

Neues Körpergefühl und Selbstvertrauen

Der Bauchtanz ist für Frauen oft eine ganzheitliche Fitness-Methode. Gerade für diejenigen, die keineswegs in Fitnessstudios ihren Körper in engen Bodys zu hektischer Musik in schnellem Tempo stählen wollen, sind die sanften Bauchtanzbewegungen, die melodische Musik und der suggestive Rhythmus genau das Richtige. Abschalten und die Hektik des Tages vergessen – das ist Bauchtanz. Darüber hinaus hat das Ganzkörpertraining des Tanzes viele positive Auswirkungen auf die Gesundheit, da Verspannungen im ganzen Körper gelöst, Rücken- und Menstruationsprobleme gelindert werden. Auch Figurprobleme, die häufig psychisch bedingt sind, können verschwinden.

Bauchtanz stärkt vor allem das Selbstvertrauen. Frauen, die mit ihrer Weiblichkeit und Erotik nicht zurechtkommen, die unter Minderwertigkeitsgefühlen leiden, finden über den Bauchtanz ein gesundes Verhältnis zu sich und ihrem Körper. Sie lernen, ein positives Körpergefühl zu entwickeln und Hemmschwellen zu überschreiten. Bauchtanz kann die Persönlichkeit stärken, Selbstzweifel ausräumen und ermöglichen, den eigenen Körper zu akzeptieren und schön zu finden.

Das Interesse an der fremden Kultur ist für viele Frauen ein weiterer Grund, sich mit Bauchtanz und orientalischer Musik zu beschäftigen.

Schmücken Sie sich! Alle Profitänzerinnen wissen es: Hand-, Arm- und Fußschmuck verschönern die Tänzerin. Natürlich werden Sie zu Beginn kein Kostüm haben – doch ein bisschen schmücken sollten Sie sich dennoch. Ein schöner Schal um die Hüften, ein Fußkettchen oder ein Armreif reichen aus – tun Sie es für sich selbst, für Ihr psychisches Wohlergehen.

Körpergefühl und Erotik

Bauchtanz lebt von der individuellen Ausstrahlung. Obwohl Sie im »Grundkurs Bauchtanz« zunächst die Grundtechniken üben sollten, kommen Sie nach einiger Zeit an einen Punkt, an dem Sie die »klassischen« Figuren variieren möchten. Dies sollten Sie dann auch tun. Verlassen Sie sich dabei auf Ihr Körpergefühl.

Orientalischer Tanz ist das Zusammenspiel von Gefühl und Bewegung; er wirkt sowohl auf den Körper als auch auf die Seele. Die sanften und spielerischen Bewegungen des Bauchtanzes vermitteln ein sinnliches Körpergefühl, eine Erotik, die der Tanz ausstrahlt. Da die Menschen der westlichen Welt in Rhythmen leben, die das gesunde Körpergefühl stark beeinträchtigen, ist Bauchtanz für die Wiederherstellung eines harmonischen Empfindens geradezu ideal. Denn in die Bewegungsabläufe dieses ausdrucksstarken Tanzes können sämtliche Gefühle der Tanzenden einfließen.

Improvisation – dem Tanz eine persönliche Note geben

So vielschichtig wie das Seelenleben eines Menschen, so variationsreich können auch die Bewegungen beim Tanzen sein. Nach einigen Übungsstunden werden Sie allmählich spüren, welche Figuren und Formen Sie noch stärker betonen möchten. Bauchtanz folgt keinem vorgegebenen Schema, sondern lebt von ständiger Improvisation. Die einzelnen Elemente stehen daher nicht in einer starren Abfolge, sondern leben von der Variation und dem persönlichen Ausdruck der Tänzerin.

Es wird der Zeitpunkt kommen, an dem Sie neben den erlernten und häufig trainierten Figuren stärker Ihre persönliche Note einbringen möchten. Dies ist ein ganz entscheidender Übergang. Von den erlernten Bewegungen ausgehend, kommen Sie immer mehr dazu, Ihren Körper tanzen und gestalten zu lassen. Anders gesagt: Sie lassen Ihrer Kreativität freien Lauf, und »er tanzt Sie«. So werden Sie Ihren Körper auf unterschiedliche Weise neu erspüren. Mit dem ganzen Körper zu tanzen vermittelt Ihnen ein Gefühl, das seinesgleichen sucht. Sie werden schnell Ihre Freude an den geschmeidigen Bewegungen entdecken und Ihre körperliche Ausstrahlung ständig verbessern. Das positive Körpergefühl steigert wiederum die Anmut Ihrer Bewegungen.

Steigerung der Ausdrucksfähigkeit

Sie werden rasch merken, dass ein ungezwungener Umgang mit Ihrem Körper zu einer Steigerung Ihrer Ausdrucksfähigkeit führt. Je intensiver Sie Bauchtanz betreiben, desto stärker drücken Sie Empfindungen und Emotionen aus, die im Alltag unterdrückt werden. Um den eigenen Körper kennen zu lernen und vertrauter mit ihm zu werden, aber auch um neue Aspekte Ihrer Körperlichkeit zu entdecken, ist Bauchtanz ein hervorragendes Medium. Erst das bewusste Akzeptieren des gesamten Körpers und seine Einbeziehung in den Tanz führen zu einer größtmöglichen Geschmeidigkeit der Bewegungen. Je intensiver man sich spürt und einbringt, desto größer ist die innere und äußere Wirkung.

Sinnlichkeit der Bewegung

Die Geschichte des Bauchtanzes spiegelt die Geschichte der Frauen wider – und dabei spielt auch die Erotik eine Rolle. Erotik ist für viele Menschen ein überaus kompliziertes Thema, das in den verschiedenen Kulturen und Epochen der Menschheit eine unterschiedliche, wenngleich auch immer eine wichtige Bedeutung hatte. Alle Frauen haben zunächst eine enge Beziehung zu ihrem Körper. Bauchtanz bietet Frauen die Möglichkeit, die eigene Erotik wahrzunehmen, weiterzuentwickeln und in der Sinnlichkeit der Bewegung auszudrücken. Von den harmonischen, rhythmischen Bewegungen geht eine anregende Wirkung aus. Im Tanz zeigt sich die ganze Lebendigkeit, die im Körper steckt.

Verlockend und unnahbar

Bauchtanzen kann, muss aber keineswegs das Ziel verfolgen, die Zuschauer »anzumachen«. Vielmehr geht es darum, in jedem Moment des Tanzes die weibliche Sinnlichkeit zu spüren und sie fließen zu lassen. Durch die Individualität der Bewegungen zeigt sich das unverwechselbare Wesen der Tänzerin. Die Tänzerin, die zu ihrer eigenen Freude Bauchtanz betreibt, bleibt immer Subjekt ihrer selbst.

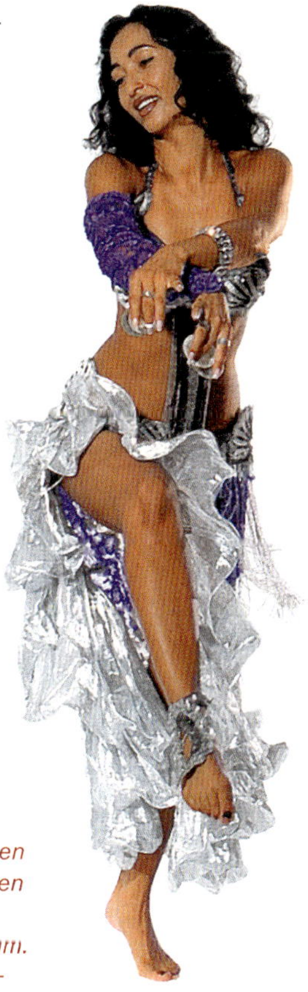

Die Sinnlichkeit, Erotik und Lebenslust, die von den weichen Bewegungen des Orientalischen Tanzes ausgehen, wecken in manchen 1000 und einen Traum. Ein den weiblichen Körper umschmeichelndes Bauchtanzkostüm unterstützt dabei wirkungsvoll die Hingabe an den Tanz.

Gesundheit und Wohlbefinden

Die kreisenden und schwingenden Becken-Bauch-Bewegungen haben auch eine Heilwirkung bei Menstruationsproblemen. Bauchtanzende Frauen berichten, dass sich ihr Zyklus dadurch regulierte und Beschwerden des prämenstruellen Syndroms zurückgingen.

Wer im Alltag oft Stress ausgesetzt ist, leidet häufig unter Verspannungen und daraus resultierenden Krankheiten. Schnell ist das psychische und physische Gleichgewicht gestört, und alle möglichen Beschwerden treten auf. Der Orientalische Tanz kann hier einiges bewirken. Er ist ein Jungbrunnen für Körper und Seele und von positiver, kräftigender Wirkung für den gesamten Körper.

Den Alltag »wegschütteln«

Viele Frauen sind heutzutage durch Beruf, Familie und Haushalt einer Mehrfachbelastung ausgesetzt. Hektik und Stress sind an der Tagesordnung. Oft finden sie kaum noch Zeit für sich selbst. So entstehen Anspannungen, die sehr schnell in Unzufriedenheit umschlagen. Beim Bauchtanz lässt sich der Ärger eines langen Tages »wegschütteln«. Loslassen und entspannen, alles abschütteln und sich bewegen – sich »frei« tanzen, das gelingt mit diesem Orientalischen Tanz.

Gute Haltung durch kräftige Muskeln

Kopfschmerzen und Rückenbeschwerden sind typische Zivilisationsleiden unserer Zeit. Vorläufer der eigentlichen Beschwerden sind Verspannungen im Nacken-, Schulter- und Beckenbereich, die später zum Halswirbelsäulen-, Brustwirbelsäulen- oder Lendenwirbelsäulensyndrom führen.

Die Bewegungen des Bauchtanzes wirken hier positiv, denn die gesamte Muskulatur wird gelockert und gestärkt. Durch das gezielte Anspannen und bewusste Entspannen bestimmter Muskeln, das für die so genannten isolierten Bewegungen (siehe dazu Seite 24) beim Bauchtanz notwendig ist, werden Spannungszustände im Körper ausgeglichen.

Dies und die »stolze« Haltung beim Tanz trainiert die Muskulatur und baut diese wieder auf, sodass eine aufrechte Körperhaltung erreicht werden kann. Schmerzen im Rückenbereich wird so wirkungsvoll vorgebeugt. Die Wirbelsäule wird wieder beweglicher, und selbst Haltungsschäden können sich deutlich bessern.

Rundherum »knackig«

Die Kräftigung der Muskulatur beim Bauchtanz wirkt sich auch auf andere Körperteile positiv aus. Die aufrechte Haltung und die vielfältigen Armbewegungen kräftigen die gesamte Muskulatur im Oberkörperbereich, also der Schultern, Arme und Brust. Dies wirkt einer Erschlaffung des Busens und der oberen Armmuskulatur entgegen. Die aufrechte Körperhaltung, erzielt durch aufgerichtetes Becken, gestreckten Bauch und angehobene Schultern, verbessert auch die Figur. Daher kann das ständige Training der Becken-, Bauch-, Gesäß- und Brustmuskulatur einem Fitnesstraining gleich zu einer sehr straffen, gleichwohl fraulichen Figur führen.

Für Frauen jeden Alters

Einige Frauen glauben, Bauchtanz sei nur etwas für jüngere Frauen. Doch das ist ein Irrtum, denn er kann in jedem Alter praktiziert werden und ist für alle Frauen geeignet: ob dick oder dünn, groß oder klein, mit kurzen oder langen Haaren, großem oder kleinem Busen. Alle Anfängerinnen, die einen Bauchtanzkurs belegen, sind zunächst unsicher. Ist man mit seinem Körper nicht ganz zufrieden und soll dann vor allen anderen tanzen, geht man das Ganze kaum entspannt an. Lernt man jedoch, mit seinem Körper umzugehen, die einzelnen Körperpartien gezielt einzusetzen und seine Weiblichkeit zu zeigen, wird sich daraus mit der Zeit eine neue Art von Selbstbewusstsein entwickeln – ein körperliches Selbstbewusstsein. Darüber hinaus ist es ein wunderbares Gefühl, die zunächst kompliziert erscheinenden Bewegungen des Bauchtanzes ausführen zu können. Die Erfahrungen des selbstvergessenen, aus der Mitte kommenden Tanzens machen den Orientalischen Tanz zu einem Erfolgserlebnis – für alle Frauen.

Gerader Rücken, aufrechte Haltung, lockere Beweglichkeit, Biegsamkeit, Leichtigkeit und graziöse Anmut – Bauchtanz tut Körper und Seele gut.

Bauchtanz vor und nach der Geburt

Führen Sie während der Schwangerschaft nur Bewegungen aus, die Ihnen und Ihrem Kind guttun. Befragungen bauchtanzender Schwangerer zeigen, dass vor allem die runden und weichen Bewegungen in individuellem Tempo bevorzugt werden.

Viele der gut gemeinten Ratschläge für schwangere Frauen betonen das große Schutzbedürfnis der werdenden Mutter. Dabei zeigt sich vor allem in der Schwangerschaft die Kraft einer Frau. Viele Frauen berichten über diese Zeit, dass sie sich noch nie zuvor so lebendig gefühlt und so bewusst wahrgenommen hätten.

Bauchtanz gilt in diesem Zusammenhang als bewährte Möglichkeit der Geburtsvorbereitung. Um einem Missverständnis vorzubeugen: Der Bauchtanz hat heute nicht mehr die Funktion eines archaischen Geburtstanzes. Vielmehr dient er dazu, mit Schwangerschaft und Geburt auf natürliche Weise umzugehen, da viele Bewegungen des Tanzes den Körper entspannen sowie die durch Schwangerschaft und Geburt besonders beanspruchten Muskeln und Bänder dehnen und kräftigen.

Bauchtanz während der Schwangerschaft

Die Vorstellung mag ungewöhnlich sein, dass eine schwangere Frau sich und ihrem Kind mit Bauchtanz, also auch mit kreisenden und schwingenden Bewegungen, etwas Gutes tut. Dabei unterstützt und fördert dies die Geschmeidigkeit und Lockerheit des Körpers. Auch einzelne Phasen der Schwangerschaft finden in bestimmten Bewegungsabläufen geeignete Entsprechungen.

- Bevorzugen Sie generell weiche Bewegungen.
- Während der Schwangerschaft ist das Verschieben des Brustkorbs eine nützliche Übung. Das Gleitenlassen des Brustkorbs von einer Seite zur anderen lindert den Druck, der durch das Baby auf den Bauch und bei fortschreitender Schwangerschaft auf die inneren Organe der Mutter ausgeübt wird.
- Von Beginn der Schwangerschaft an sollten die Bauchmuskeln beweglich gehalten werden. Von ihnen geht während der Wehen ein Druck auf die Gebärmutter aus, der bei der Geburt mitwirkt.
- Auch die bei der Geburt wichtigen Muskelgruppen des Beckens wie auch dessen Beweglichkeit werden durch Bauchtanzübungen bewusst trainiert.

Gelockert sein für die Geburt

Für eine leichte Geburt ist die innere Einstellung der Mutter sehr wichtig. Hierbei ist eine intensive Auseinandersetzung mit dem Körper eine überaus hilfreiche Vorbereitung. Häufig berichten bauchtanzende Frauen, dass bestimmte Bewegungen des Tanzes den Wehenbewegungen des Körpers bei der Geburt ähnlich sind. Bauchtanz lockert allerdings nicht nur die bei einer Geburt beanspruchten Muskelpartien, sondern macht auch Mut für die Niederkunft. Denn das durch die intensive Auseinandersetzung mit dem Körper erlangte Körperbewusstsein erleichtert es, das Gefühl der Unsicherheit, das einer Geburt vorausgeht, mit mehr Selbstvertrauen anzunehmen.

Bauchtanz nach der Geburt

Auch nach einer Geburt ist der Bauchtanz für das körperliche und seelische Wohlbefinden der Mutter wichtig. Zum einen übernimmt er Funktionen der Rückbildungsgymnastik, indem er den Körper unterstützt, die durch die Schwangerschaft hervorgerufenen Veränderungen des Organsystems wieder zu normalisieren. Zum anderen hat die Beschäftigung mit dem eigenen Körper für die Frau nach der Geburt eine besondere Bedeutung. Lange Zeit ging es darum, auf die Signale des im Bauch reifenden Lebens zu achten. Die Bewegungen mussten im Einklang mit der Situation als Schwangere erfolgen. Jetzt können sich Arme, Schultern, Bauch und Rücken wieder ungehindert bewegen. Beim Bauchtanz gehört die Frau nun wieder ganz sich selbst.

Verspannungen lockern

Die Beanspruchung im Alltag ist nach der Geburt sehr hoch. Frauen müssen in meist einseitiger Körperhaltung stillen (auch nachts), das Tragen des Kindes führt zu Belastungen der Rückenmuskulatur. Viele Frauen halten ihre größeren und schwer gewordenen Kinder oft einseitig auf einer Hüfte, weil sie nicht so viel Kraft in den Armen haben; dies kann zur Beckenschiefstellung führen. Gerade bei diesen Beanspruchungen ist Bauchtanz ein ideales Trainig.

Nach der Geburt ist die Muskulatur des Beckenbodens noch stark gedehnt. Um diese zurückzubilden, ist Bauchtanz eine hervorragende Methode. Die vielen Hüftbewegungen, bei denen es zu einem wechselseitigen Anspannen und Entspannen dieser Muskeln kommt, bringen den Beckenboden wieder in Form.

Bauchtanz – Wissenswertes für Anfänger

In diesem Kapitel erfahren Sie alles, was für die Bauchtanzbewegungen notwendig ist – von der Kleidung, die zum Üben am bequemsten ist, bis hin zum Übungsort, der ausreichend Platz bieten sollte, vom Finden der eigenen Mitte und vom Gehen mit dem Bauch bis zur Grundstellung und zu den Aufwärmübungen.

Kleidung, Ort, Zeit und Musik

Die Kleidung

Auch wenn es verlockend glitzert und klimpert – am Anfang brauchen Sie sich noch keine Gedanken über den Erwerb eines Bauchtanzkostüms zu machen. Da dies in unseren Breitengraden meist mit einer größeren Geldausgabe verbunden ist, sollten Sie erst prüfen, ob dieser Tanz für Sie das Richtige ist und Sie Spaß daran haben, ihn dauerhaft auszuüben.

Ziehen Sie möglichst bequeme Kleidung an, wie einen weiten Rock, eine weite Hose oder Leggings und T-Shirt, und »fixieren« Sie Ihre Hüften. Für die ersten Übungsstunden genügt dazu ein großes Tuch, das Sie unterhalb Ihrer Taille anbringen und an Ihrer Lieblingsseite fest verknoten. Diese Seite ist ausschlaggebend für den Ansatz Ihrer Bewegungen, deshalb sollte das Tuch auch immer gut sitzen. Später, wenn Sie Fortschritte gemacht haben, können Sie sich einen mit Münzen, Perlen und Pailletten verzierten Bauchtanzgürtel kaufen; mit den dadurch verursachten Klängen machen die Hüftbewegungen doppelt so viel Spaß!

Da der Bauchtanz ein fest mit der Erde verbundener Tanz ist, sollten die Füße direkt mit dem Boden Kontakt haben. Wenn es Ihnen barfuß zu kalt ist, können Sie zum Üben Socken anziehen oder Gymnastikschuhe tragen.

Der Ort

Üben können Sie überall, vorausgesetzt es ist ausreichend Platz, um sich frei zu bewegen, insbesondere bei Drehungen. Üben Sie am Anfang ohne Spiegel; er wird erst viel später wichtig, wenn Sie alles gut beherrschen und Ihren Tanzstil präzisieren möchten.

Viel frische Luft

Lüften Sie den Übungsraum vor und nach dem Aufwärmtraining ausgiebig. So schaffen Sie eine angenehme und frische Atmosphäre für die Tanzübungen.

Bauchtanzkostüme können recht teuer sein, vor allem wenn sie individuell gefertigt werden. Die Perlen- und Paillettenstickereien sind zeitintensive Handarbeit. Professionelle Tänzerinnen geben meist einige hundert Euro für ein Kostüm aus.

Dieses CD-Symbol in der Randspalte gibt Ihnen beim Kapitel »Grundkurs Bauchtanz« Hinweise auf die für die Übungen geeigneten Musikstücke der CD.

Die Zeit

Üben sollten Sie, sooft Sie können, jedoch mindestens einmal die Woche. Je mehr Sie an sich und Ihren Bauchtanzbewegungen arbeiten, desto schneller werden Sie Fortschritte machen. Dennoch: Eilen Sie nicht von einer Seite zur nächsten in diesem Buch. Auch wenn die Bauchtanzfiguren in ihrem Bewegungsrhythmus aufeinander aufgebaut sind und ineinander übergehen, sollten Sie sich für die einzelnen Bewegungen ausreichend Zeit nehmen.

Die Musik

Speziell für dieses Buch wurden Übungsstücke in Anlehnung an klassische Bauchtanzmusik aufgenommen. Die beiliegende CD enthält 11 Titel. Die Rhythmen reichen von langsamen über mittlere Tempi bis hin zu schnellen Trommelsolos. Im Kapitel »Grundkurs Bauchtanz« finden Sie bei den verschiedenen Bauchtanzfiguren in der Randspalte jeweils passende Musiktipps. Das CD-Symbol verweist auf zum Üben geeignete Stücke.

Damit Sie ein Gefühl für die orientalische Musik bekommen, sollten Sie diese CD öfter anhören. Da innerhalb eines Musikstücks häufig Wechsel der Tempi, Rhythmen und Stimmungen auftreten, müssen Sie die Musik ein wenig kennen lernen, damit Sie die Bewegungen dazu koordinieren können. Mit der Zeit werden Sie dann herausfinden, zu welchem Rhythmus Sie Ihre Bauchtanzbewegungen am liebsten üben.

Bitte keinen Zwang

Beherrschen Sie die Bewegungen am Anfang noch nicht richtig und irritiert Sie die Musik mehr, als dass sie Sie in Ihren Tanzbewegungen unterstützt, dann verzichten Sie vorerst darauf. Denken Sie immer daran, dass Sie Freude am Bauchtanz haben und nicht verbissen um jeden zum Takt passenden Schritt kämpfen sollten.

Wie man üben sollte

Ein bisschen Theorie muss sein: Machen Sie sich zunächst mit den für den Bauchtanz wichtigen Techniken der Isolation und Koordination (siehe Seite 24) vertraut, finden Sie Ihre eigene Mitte, und gehen Sie mit dem Bauch (siehe Seite 25). Bevor Sie Ihre ersten Bauchtanzfiguren ausprobieren, sollten Sie Ihre Muskeln und Gliedmaßen mit einem Auflockerungs- und Dehnungstraining (siehe Seite 27ff.) geschmeidig machen und mit der Grundstellung vertraut sein (siehe Seite 26). Da noch kein(e) Meister(in) vom Himmel gefallen ist, verlangt es viel Geduld und Konzentration, sich mit dem Orientalischen Tanz zu beschäftigen. Nur Mut!

Übung macht die Meisterin

Das Kapitel »Bauchtanz-Grundkurs« (siehe Seite 30ff.) ist nicht nach strengen Unterrichtseinheiten aufgebaut, sondern die Bauchtanzfiguren und -bewegungen können frei gestaltet und zusammengestellt werden. Sie können sich also selbst Ihr Programm erstellen. Die einzelnen Bewegungen sind aufeinander aufgebaut und so abgestimmt, dass sie entweder nacheinander geübt oder mit anderen Bewegungen koordiniert werden können.

- Wenn Sie einmal pro Woche einen Bauchtanzabend einplanen, an dem Sie neue Tanzbewegungen einstudieren, sollten Sie diese während der Woche öfter wiederholen. Dazu bieten sich genügend Gelegenheiten, z. B. während der Hausarbeit: Machen Sie doch ein paar Hüftschwünge, wenn Sie beim Aufräumen Ihre Wohnung durchqueren, oder üben Sie die liegende Hüftacht, wenn Sie kochen. Auch im Büro bieten sich Gelegenheiten, die eine oder andere Bewegung, z. B. mit dem Kopf, den Schultern, den Händen und Armen, zu machen – das entspannt zugleich Ihren Rücken. Beim Spaziergang durch den Park kann die eine oder andere Schrittfolge noch einmal durchgegangen werden …
- Wiederholen Sie zunächst immer die erlernten Bewegungen. Erst wenn der Bewegungsablauf ohne Nachdenken problemlos funktioniert, sollten Sie die nächste Figur oder Bewegung in Ihr Repertoire mit aufnehmen.

Bauchtanz ist nicht nur ein »Wackeln mit den Hüften«. Es stecken sehr viel Emotion, Sinnlichkeit, Erotik, Hingabe, Faszination und Erdverbundenheit in den Bewegungen, die den uns bekannten heimischen Tänzen gänzlich fehlen. Durch Üben werden Sie diese Dimension des Orientalischen Tanzes kennen lernen.

(Be-)Merkenswertes beim Bauchtanz

Isolation und ...

Der Orientalische Tanz zeichnet sich durch ein wesentliches Merkmal aus: die Fähigkeit, einzelne Körperteile unabhängig voneinander zu bewegen. Jeder, der bauchtanzen möchte, muss daher die Isolationstechnik erlernen. Wenn Sie z. B. den Kopf hin und her gleiten lassen (siehe Kopfgleiten, Seite 74f.) bleiben die Schultern völlig ruhig.
Viele Übende haben am Anfang Schwierigkeiten, die einzelnen Körperteile isoliert zu bewegen, und glauben, es nie zu schaffen. Hat man jedoch das Prinzip – das richtige Verhältnis von Körperspannung und -entspannung – erfasst, ist das Ganze nur noch halb so schwer. Der Teil des Körpers, den man bewegen will, wird in einen Spannungszustand versetzt, während die nicht bewegten Körperteile in einer Restspannung verbleiben. Willentliche Entspannung bedeutet also nicht, dass die Muskeln der nicht bewegten Körperteile erschlaffen, sondern es ist eine leichte Restspannung vorhanden. Um auf das Beispiel des Kopfgleitens zurückzukommen: Die größte Spannung herrscht beim Ausführen dieser Bewegung im Nackenbereich; die Schultern werden nicht mitbewegt. Dennoch hängen sie nicht schlaff nach unten, sondern sind durch die Restspannung, die in den Muskeln verbleibt, aufrecht und anmutig erhoben.

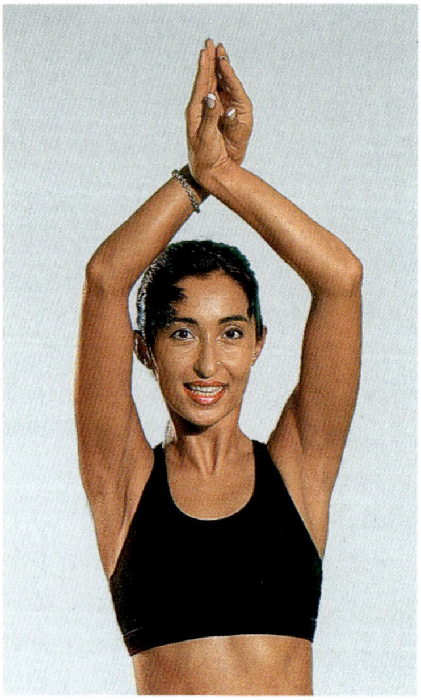

Das Kopfgleiten – hier zur rechten Seite – ist eine Isolationsübung, bei der nur der Kopf zur Seite geschoben wird.

... Koordination

Ist die Technik der Isolation erst (manchmal auch mühevoll) erlernt, bietet der Bauchtanz eine weitere Herausforderung: die Koordination der isolierten Bewegungen – denn die einzelnen Bewegungen der Körperteile werden letztlich zusammen ausgeübt. Ein typisches Beispiel hierfür ist der Kamelgang (siehe Seite 80f.): Er besteht aus der Beckenkippe (siehe Seite 64f.) und der Brustkorbwelle (siehe Seite 70f.); diese zwei Bewegungen werden zusätzlich mit einem Schritt verbunden. Aus den drei Bewegungen entsteht eine koordinierte Abfolge: Während die Beckenkippe in die Brustkorbwelle übergeht, setzt das Bein zum Schritt an ...

Die Mitte finden und wachsen

Wiegen Sie Ihren Körper wie eine Blume im Wind vor und zurück. Sie stehen dabei mit geschlossenen Füßen, die Beine sind gestreckt, der Körper ist angespannt. Dann beginnen Sie, langsam mit Ihrem Körper zu kreisen. Die Füße sind dabei fest mit dem Boden verwurzelt. Kreisen Sie weit nach vorn, zur rechten Seite, nach hinten und zur linken Seite. Lassen Sie nach einiger Zeit die Kreise immer kleiner werden. Allmählich fühlen Sie, dass Sie Ihre Mitte gefunden haben und völlig in Ihrem Zentrum stehen.

Stellen Sie nun Ihre Füße etwa hüftbreit auseinander. Der Mittelpunkt Ihres Körpers ist Ihr Nabel, von dem aus Sie nun sowohl nach oben als auch nach unten wachsen. Spüren Sie, wie Ihr Oberkörper zur Decke wächst, der Unterkörper in den Boden! Strecken Sie Ihren Hals; atmen Sie tief ein, und öffnen Sie dabei Ihren Brustkorb; die Schultern befinden sich in einer leichten Spannung, hängen aber dennoch locker nach unten. Das Becken, der Bauch und Ihre Beine sind fest mit dem Boden verwachsen. Das Becken ist gerade ausgerichtet, Ihr Gewicht ruht gleichmäßig auf beiden Füßen. Halten Sie in dieser Position inne, spüren Sie Ihre Größe, und versuchen Sie, noch ein wenig größer zu werden.

Mit dem Bauch gehen

Wählen Sie ein Musikstück der CD aus, und gehen Sie dazu im Takt in Ihrem Übungsraum umher: vorwärts, zur Seite, rückwärts, im Kreis und am Platz. Der Rhythmus soll Ihren ganzen Körper erfassen. Gehen Sie lockeren Schritts umher, mit leicht gebeugten Knien; die Füße setzen Sie nach jedem Schritt ganz auf dem Boden ab. Lassen Sie Ihre Schultern nach unten hängen, und schwingen Sie mit Ihren Armen leicht mit. Machen Sie Ihren Hals lang, und halten Sie Kopf und Kinn würdevoll nach oben. Ihr Blick ist offen, die Augen wandern umher und beobachten die Dinge im Raum. Setzen Sie während des Gehens Ihren Bauch in Szene. Stellen Sie sich vor, in Ihrem Bauchnabel wäre eine Taschenlampe installiert, die im Raum umherleuchtet.

Es ist sehr wichtig, mehr Gefühl für den Körper zu entwickeln. Daher sollten Sie zu Beginn des Bauchtanztrainings – nach den Aufwärmübungen – immer erst Ihre Mitte finden und sich langsam einschwingen, denn Bauchtanz ist eine Bewegung aus dem Zentrum heraus.

Die Grundstellung

Unentbehrlich für den Bauchtanz: die Grundstellung. Wichtige Voraussetzungen für diese Grundposition sind das richtige Stehen und die richtige Körperhaltung.

Bevor Sie mit dem Tanzen beginnen, müssen Sie die richtige Grundstellung bzw. -haltung einnehmen.

- Stellen Sie Ihre Füße etwa hüftbreit auseinander. Die Füße zeigen gerade nach vorn und stehen fest auf dem Boden.
- Beugen Sie Ihre Knie leicht. Achten Sie darauf, dass Sie Ihre aufrechte Körperhaltung nicht verändern.
- Halten Sie Ihren Oberkörper vom Nabel aus nach oben. Neigen Sie ihn etwas nach hinten, und versetzen Sie ihn in eine leichte Spannung. Die Schultern sind zurückgenommen, der Kopf ist stolz aufgerichtet.
- Atmen Sie tief ein, und öffnen Sie dabei Ihren Brustkorb, indem Sie ihn herausdrücken. Die Arme stehen leicht vom Körper ab.
- Ihr Becken fällt vom Nabel aus schwer nach unten, ist aber dennoch locker. Richten Sie Ihr Becken auf, indem Sie es zuerst nach hinten kippen und ein Hohlkreuz machen. Kippen Sie es wieder nach vorn, und richten Sie es auf, bis die Wirbelsäule gerade ist.

Die Grundstellung von vorn (links) und schräg von der Seite (rechts). Wichtig sind der hüftbreite Stand, die locker zurückgenommenen Schultern, die nicht am Körper anliegenden Arme und der gerade Rücken (kein Hohlkreuz!).

Das Aufwärmtraining

Vor dem Bauchtanzen ist es wichtig, den Körper richtig aufzuwärmen, zu dehnen und zu lockern. Führen Sie alle hier aufgelisteten Übungen durch. Fehlt Ihnen dazu gelegentlich die Zeit, sollten Sie mindestens je eine Übung aus den folgenden Gruppen machen.

Damit der Körper richtig locker wird, gönnen Sie ihm 15 Minuten Aufwärmtraining. Atmen Sie dabei ruhig ein und aus – möglichst aus dem Bauch heraus.

Ausschütteln

Schütteln Sie sich zu Anfang richtig aus: Heben Sie Ihr rechtes Bein leicht an, und schütteln Sie es kräftig vom Oberschenkel bis zu den Zehen. Dann verfahren Sie genauso mit Ihrem linken Bein. Anschließend sind Arme und Hände an der Reihe. Von den Schultern bis zu den Fingerspitzen werden die Muskeln und Gliedmaßen locker ausgeschüttelt. Schütteln Sie dann Ihren ganzen Körper aus. Rütteln und schütteln Sie sich von Kopf bis Fuß, bis Sie völlig locker und entspannt sind.

Dehnungsübungen im Stehen

Stellen Sie sich aufrecht hin, die Füße stehen fest auf dem Boden. Die Arme strecken Sie gerade nach oben. Gehen Sie nun mit Ihrem rechten Fuß auf die Zehenspitzen, und heben Sie dabei Ihre rechte Hüfte hoch. Während die rechte Hüfte angehoben wird, streckt sich der rechte Arm ebenfalls weit nach oben. Wiederholen Sie diese Übung einige Male, und dehnen Sie dann Ihre linke Seite.

Stehen Sie mit beiden Fußsohlen in aufrechter Körperhaltung fest auf dem Boden. Führen Sie dann Ihre gestreckten Arme nach hinten, und falten Sie Ihre Hände hinter dem Rücken. Beugen Sie sich abwechselnd nach hinten und nach vorn – so weit es geht.

Haben Sie diese Übung einige Male gemacht, umfassen Sie Ihre Unterschenkel mit den Händen, dann Ihre Fußknöchel. Steigern Sie diese Dehnungsübung, indem Sie den Fußboden zuerst mit den Fingerspitzen, dann mit den Handflächen berühren. Die Knie sind dabei ganz durchgestreckt.

Stellen Sie Ihre Füße etwa hüftbreit auseinander. Heben Sie Ihren rechten Arm weit nach oben, und beugen Sie sich zur linken Seite. Strecken Sie Ihren linken Arm dabei

Gehen Sie bei den Dehnungsübungen vorsichtig und sanft vor. Falls Ihnen eine Übung nicht zusagt, Sie sich unwohl fühlen oder Sie gar Schmerzen haben, hören Sie auf und gehen Sie zur nächsten Übung weiter.

Lockern Sie sich nach einzelnen Übungen immer wieder. Schütteln Sie Füße, Beine, Hände, Arme und den ganzen Körper. Das sollten Sie auch während der Bauchtanzübungen tun, wenn Sie merken, dass Sie sich verkrampfen.

weit nach unten. Bleiben Sie einige Sekunden in dieser Stellung, und dehnen Sie dann Ihre linke Seite. Wiederholen Sie diese Übung fünfmal auf jeder Seite.

- Stehen Sie mit beiden Fußsohlen fest auf dem Boden, und beginnen Sie, sich mit dem Oberkörper nach rechts und links zu drehen. Die Arme hängen schwer nach unten, schwingen aber locker zu beiden Seiten mit. Wenn Sie nach dieser Übung in Ihren Armen ein Schweregefühl verspüren, schütteln Sie diese locker aus.

Übungen im Sitzen und im Stehen

- Setzen Sie sich auf den Boden, und grätschen Sie Ihre Beine. Die Arme strecken Sie gerade nach oben. Beugen Sie sich so weit nach vorn unten, dass Sie mit Ihrer rechten Hand Ihr rechtes Fußgelenk zu fassen bekommen. Der linke Arm wird weiter über dem Kopf gehalten. Üben Sie auch zur anderen Seite hin, oder fassen Sie mit beiden Händen gleichzeitig nach Ihren Füßen.

Machen Sie es sich auch bequem

Für die Übungen im Sitzen, im Liegen und im Vierfüßlerstand sollten Sie sich eine weiche Decke oder Gymnastikmatte auf den Boden legen. Das Aufwärmen und Dehnen ist wichtig, um Muskelzerrungen vorzubeugen und damit der Körper sich auf die folgenden Bewegungen einstellen kann.

- Übungen mit dem Kopf können Sie sowohl im Sitzen als auch im Stehen ausführen. Neigen Sie Ihren Kopf nach vorn, so dass Ihr Kinn zum Brustkorb zeigt. Verweilen Sie für einige Zeit in dieser Position, und neigen Sie dann Ihren Kopf weit nach hinten. Nach einer Weile neigen Sie Ihren Kopf zur rechten, dann zur linken Seite.
- Nun folgen noch Übungen für die Hände, gleich ob im Sitzen oder im Stehen: Schütteln Sie die Hände kräftig aus. Machen Sie dann eine Faust, öffnen Sie diese wieder und spreizen die Finger weit auseinander. Machen Sie diese Lockerungsübung mehrmals mit der rechten und linken Hand.

Übungen im Liegen

Legen Sie sich auf den Rücken, und winkeln Sie Ihre Beine an. Die Arme bleiben flach auf dem Boden liegen. Bilden Sie mit Ihren Beinen und den Schultern eine so genannte Brücke, indem Sie zuerst Ihr Becken und dann den Rücken Wirbel für Wirbel vom Boden abheben. Kreisen Sie jetzt mit Ihrem Becken in beide Richtungen. Halten Sie den Rücken einige Sekunden in dieser Position, und rollen Sie ihn dann Wirbel für Wirbel wieder auf den Boden ab.

Sie liegen auf dem Rücken, die Beine sind ausgestreckt, die Arme ruhen neben Ihrem Körper. Winkeln Sie Ihr rechtes Bein an, und legen Sie es angewinkelt über Ihr linkes Bein auf den Boden, so dass jetzt Ihre rechte Hüfte nach links zeigt. Ihren Kopf drehen Sie dagegen auf die rechte Seite, die Schultern bleiben auf dem Boden. Üben Sie dies auch zur anderen Seite hin.

Übung im Vierfüßlerstand

Aus anderen Sportarten ist Ihnen der Vierfüßlerstand sicherlich bekannt. Dazu knien Sie sich hin und stützen Ihren Oberkörper auf den Händen ab. Die Hände zeigen nach vorn, die Wirbelsäule ist gerade (kein Hohlkreuz machen), der Kopf hängt locker nach unten. Atmen Sie tief ein, und machen Sie Ihren Rücken ganz rund, so dass der so genannte Katzenbuckel entsteht. Spannen Sie während des Einatmens Ihre Bauchmuskulatur kurz an, und machen Sie mit Ihrem Becken kreisende Bewegungen. Atmen Sie aus, und lassen Sie Ihre Bauchmuskulatur wieder locker, so dass der Oberkörper etwas durchhängt. Achten Sie darauf, dass Sie dabei nur ein leichtes Hohlkreuz machen.

Bei den verschiedenen Aufwärmübungen können Sie auch auf Ihre Wirbelsäule und Ihr Becken achten. Haben Sie ein Hohlkreuz? Bei der Grundstellung und bei vielen Bewegungen gilt es, ein Hohlkreuz zu vermeiden. Bei anderen wiederum gehört es dazu.

Bauchtanz – Grundkurs

In diesem Kapitel werden die Grundtechniken des Bauchtanzes vorgestellt – von den Isolationsübungen der Hände, Arme und Hüften bis zu Schritten und Drehungen. Doch neben der notwendigen »Technik« will diese Einführung in den Orientalischen Tanz Sie auch ein bisschen entführen – in das Reich der sinnlichen Bewegungen: neckisch, verlockend, zärtlich – abweisend, stolz und unnahbar.

Grundtechniken – leicht gemacht

Dieser Grundkurs enthält keine starren Unterrichtseinheiten. Gestalten Sie daher Ihre Übungsfolge nach Ihren Vorstellungen. Natürlich sollten Sie als Anfänger(in) zunächst die Grundhaltungen bzw. einfachere Übungen erlernen. Und selbstverständlich geben wir Ihnen einen kleinen Leitfaden an die Hand (siehe Seite 33), wie Sie beginnen sollten, doch Sie haben auch die freie Wahl.

In den einzelnen Abschnitten der Unterkapitel wird bei den Grundübungen und -stellungen von leichten zu mittelschweren Übungen übergegangen. Auch die Unterkapitel beginnen mit leichteren Hand- und Armbewegungen, die Sie anfangs zur Musik üben können, um sich einzuschwingen. Der Grundkurs geht dann zu den schwierigeren Hüftbewegungen über und weiter zu Brustkorb- und Kopfbewegungen, von den eher statischen Bewegungen einzelner Isolationsübungen zu Schritten und Drehungen.

Einfach erklärt – mit vielen Tipps und Extras

Alle Bauchtanzbewegungen werden Schritt für Schritt erklärt. Auf den Fotos stellt die dreifache Europameisterin Yasmine Positionen bzw. Abläufe dar. Weiterführende, unterschiedliche Zusatzinformationen sollen das Erlernen erleichtern.

- Die Tipps für Anfänger machen Sie auf mögliche Fehlerquellen aufmerksam und helfen Ihnen, diese zu vermeiden.
- Die Vorstellungsbilder sollen eher abstrakte Anleitungen veranschaulichen. Solche Vorstellungsbilder wie »Stellen Sie sich vor, Sie würden in Zeitlupe einen Hula-Hoop-Reifen um Ihr Becken kreisen lassen, der von allen Seiten vollständig berührt werden muss« finden Sie bei vielen Übungen.
- Illustrationen für die Fuß- und Hüftstellung in der Randspalte veranschaulichen die Gewichtsverteilung und den Stand des Beckens bei Hüftbewegungen.
- In farbigen Kästen der Randspalte erhalten Sie Zählmuster für Schritte und Drehungen.
- Beim CD-Symbol finden Sie Hinweise auf passende Musikstücke zu den Figuren und Bewegungen.

Eine Bitte auch an Fortgeschrittene: Beginnen Sie nicht mit den schwierigen Bewegungen – auch wenn Sie vor Jahren bereits einen Bauchtanzkurs besucht oder sich Bauchtanz selbst beigebracht haben. Üben Sie Grundstellungen, Grundhaltungen und häufig vorkommende Figuren erneut ausgiebig. Auf die richtige Ausführung der Bewegung kommt es an – und die verlernt man schnell.

1. Stunde

Die Angaben zu den geeigneten Musikstücken auf der CD in den Randspalten sollen Ihre Bauchtanzübungen lediglich am Anfang unterstützen. Manchmal können bestimmte Figuren nicht das ganze Stück hindurch geübt werden.

Isoliert, kombiniert oder »en bloc«

Eine erste Übungsstunde kann so aussehen, dass die Grundstellung (siehe Seite 26) mit der Grundhaltung der Hände und Arme (siehe Seite 34 und 38) erlernt wird. Sind diese eingeübt, was durchaus mehrere Übungsstunden in Anspruch nehmen kann, werden die nächsten Bewegungen mit einbezogen.

- Die Hüft-Armhaltung (siehe Seite 39) und das Hüftschieben (siehe Seite 48f.) können in eine Übungsstunde gelegt werden.
- Fortgeschrittene können die stehende Hüftacht (siehe Seite 54ff.) mit den Schlangenarmen (siehe Seite 46ff.) kombinieren bzw. den Kamelgang (siehe Seite 80f.) mit der Armwelle (siehe Seite 44f.) usw.
- Ein Vorschlag zu Armpositionen ist bei den Schritt-für-Schritt-Erklärungen der einzelnen Figuren meistens angegeben.

Falls Sie eher »en bloc« lernen und sich zuerst die Hand- und Armpositionen vornehmen möchten, bevor Sie mit den Hüftbewegungen beginnen – nur zu! Sie haben mit diesem Buch die freie Wahl, die Grundbewegungen des Bauchtanzes nach Ihren Wünschen zu erlernen und zu kombinieren.

Aktive Mitarbeit

Da bei den einzelnen Figuren und Bewegungen nicht alles bis ins kleinste Detail beschrieben werden kann, sind sowohl Ihr Interesse wie auch Ihre aktive Mitarbeit gefragt. Dies gilt auch für die Musik: Wie schon erwähnt, können innerhalb eines Stücks das Tempo, die Stimmung und der Rhythmus sehr schnell wechseln. Wenn Sie sich mit der Musik auseinandersetzen, wird es Ihnen nach einiger Zeit nicht mehr schwerfallen, das passende Stück zur jeweiligen Bewegung zu finden.

Und nun viel Spaß und Ausdauer beim Grundkurs Bauchtanz!

Einstieg in den Grundkurs

Damit Sie einen leichten Einstieg in Ihre ersten Tanzübungen haben – hier einige Gestaltungsvorschläge. Schütteln Sie sich nach dem Aufwärmen locker aus, und beginnen Sie, mit dem Bauch durch den Raum zu gehen, Ihre Mitte zu finden und zu wachsen. Im Anschluss daran wird immer die Grundstellung eingenommen.

- Nehmen Sie die Grundstellung ein (Seite 26). Achten Sie darauf, dass Ihre Wirbelsäule aufrecht ist. Sie können dies überprüfen, indem Sie eine Hand auf den Hohlkreuzpunkt legen, die andere auf Ihren Bauch. Gehen Sie zurück in Ihre normale Haltung, und versuchen Sie nun, die Grundstellung wieder zufinden.
- Wenn Sie sich nach einigem Üben sicher in dieser Haltung fühlen, gehen Sie in ein langsames Hüftschieben (Seite 48f.) über. Um festzustellen, ob Sie diese Bewegung richtig ausüben, legen Sie Ihre Hände auf die Hüften und führen Sie sie mit ihnen hin und her. Lassen Sie sich hierfür genügend Zeit, konzentrieren Sie sich, und nehmen Sie die Bewegung ganz in sich auf. Gehen Sie des Öfteren in die Ausgangsposition zurück, entspannen Sie sich, und beginnen Sie erneut, die Hüfte isoliert zu schieben.
- In der ersten Stunde sollten Sie sich auch mit den Hand- und Armbewegungen beschäftigen, da alle Tanzbewegungen von ihnen begleitet werden. Üben Sie zuerst die Grundhaltung der Hände (Seite 34). Nachdem das Hüftschieben als erste Tanzbewegung gut einstudiert wurde, kann dazu die Hüft-Armhaltung (Seite 39) geübt werden.
- Möchten Sie noch eine weitere Bauchtanzübung machen, dann gehen Sie zum Hüftdrehen (Seite 50f.) über. Versuchen Sie es erst mit Ihrer Lieblingsseite, dann mit der anderen (dies gilt übrigens für alle Ubungen!). Dazu kann die Grundhaltung der Arme (Seite 38) vertieft werden.
- Möchten Sie noch weitermachen, können Sie auch vorgreifen und den großen Hüftkreis (Seite 58) ausprobieren. Er ist genau das Richtige für den Abschluss einer Tanzstunde. Auch hier gilt: Lassen Sie sich viel Zeit und achten Sie immer darauf, dass die Hüften isoliert kreisen.

Denken Sie daran, zu Beginn immer das Aufwärmtraining oder einen Teil davon zu absolvieren. Sie ersparen sich dadurch schmerzende Muskeln.

Berücksichtigen Sie in Ihrer nächsten Übungsstunde den Inhalt dieser ersten Tanzstunde. Je nachdem, wie schnell und sicher Sie vorankommen, können Sie dazu eine oder auch mehrere neue Bewegungen mit einbauen. Ganz wichtig: fließende Übergänge schaffen.

Hand- und Armbewegungen

Charakteristisch für den Orientalischen Tanz ist ein Zusammenspiel isolierter Bewegungen einzelner Körperteile. Dazu zählen nicht nur Hüft- und Beckenbewegungen, sondern auch anmutige Bewegungen der Arme und der Hände. Deshalb werden zunächst Hand- und Armbewegungen behandelt, die anschließend mit den Hüftbewegungen und Schritten kombiniert werden.

Die Grundhaltung der Hände

Arm- und Handbewegungen sind ein wichtiger Bestandteil des Orientalischen Tanzes und verleihen ihm erst den abgerundeten Ausdruck. Die hier vorgestellten Bewegungen können auch variiert werden.

1] Heben Sie Ihre Arme etwa in Schulterhöhe an, und lassen Sie die Hände herunterhängen.

2] Heben Sie nun die Hände, bis sie mit den Armen eine waagrechte Linie bilden. Die Finger werden zunächst gerade nach vorn gestreckt.

3] Um eine anmutige Fingerhaltung zu erreichen, spreizen Sie die Mittelfinger etwas nach unten in Richtung Daumen. Zeigefinger, Ringfinger und kleine Finger sind nach oben gerichtet.

Vorstellungsbild

Konzentrieren Sie sich auf Ihre Mittelfinger als die äußersten Punkte Ihrer Arme. Stellen Sie sich vor, Sie halten zwischen Daumen und Mittelfinger etwas sehr Zerbrechliches. So kommt die graziöse Haltung der Finger zustande.

Tipps für Anfänger

- Halten Sie eine gewisse Spannung in Ihren Armen und Händen, ohne sich dabei zu verkrampfen.
- Ihre gesamte Körperhaltung sollte möglichst entspannt sein.
- Sie sollten bei der Grundstellung der Hände und der Arme (siehe Seite 38) spüren, wie die Energie von Ihren Schultern bis in den äußersten Punkt Ihrer Mittelfinger fließt.
- Da ausdrucksvolle Gesten und Bewegungen immer einen leichten Spannungszustand in den Armen und Händen voraussetzen, sollten sowohl Hände als auch Arme während des Übens immer wieder gelockert und ausgeschüttelt werden.

Die Handkreise

Nehmen Sie die Grundhaltung der Hände ein. Der Impuls der Handkreise geht von Ihrem Mittelfinger aus. Spreizen Sie ihn also, wie bei der Grundhaltung beschrieben, etwas nach unten.

1] Führen Sie einen Arm vor Ihren Oberkörper, und beginnen Sie, aus dem Handgelenk kleine Kreise zu beschreiben.

2] Der zweite Arm sollte dabei nicht nach unten hängen – berühren Sie stattdessen mit den Fingerspitzen oder dem Handrücken leicht Ihre Schläfe (siehe Schläfe-Seit-Armhaltung, Seite 40).

3] Kreisen Sie mit Ihrem Arm von oben nach unten, etwa vom Kopf bis zur Hüfte. Wechseln Sie dabei die Arme: Mit der zuvor auf der Schläfe ruhende Hand wird gekreist, die kreisende Hand wird zur Schläfe geführt.

4] Sie können auch mit beiden Händen gleichzeitig kreisen: parallel zueinander, entgegengesetzt, mit ausgebreiteten Armen oder von vorn nach hinten bzw. von der Brust bis zum Po. Kurzum – Sie können jeden Teil Ihres Körpers mit Ihren kreisenden Händen betonen oder bestimmte Bewegungen untermalen.

Vorstellungsbild

Stellen Sie sich bei den Handkreisen vor, Sie würden mit Ihrem Mittelfinger kleine Kreise in die Luft malen.

Tipps für Anfänger

Achten Sie darauf, dass die Kreise aus dem Handgelenk kommen. Auch wenn der Mittelfinger die Antriebskraft dieser Bewegung ist – es kreisen nicht die Finger!

Handkreise üben Sie am besten zu den Musikstücken Nr. 2, 4, 6, 8 auf der CD.

Grundstellung der Hände bei vor den Körper geführten Armen (links). Zum Üben sollten Sie die Arme seitlich ausbreiten, so dass Sie besser die waagrechte Linie von Hand und Arm erreichen (unten).

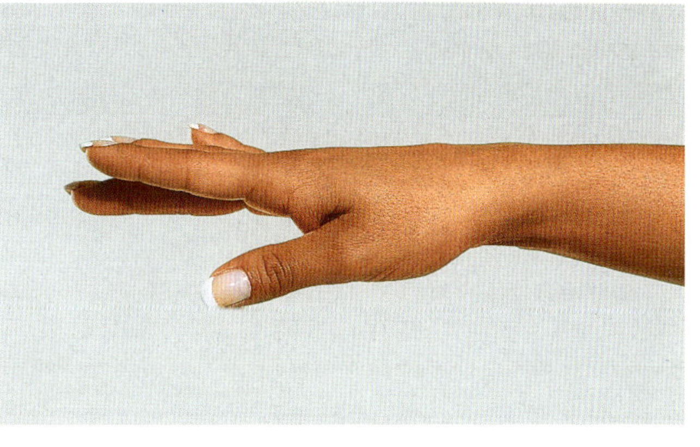

Die Handwellen

Handwellen üben Sie am besten zu den Musikstücken Nr. 2, 4, 6, 8 auf der CD.

Sie müssen am Anfang noch keine hoch komplizierten Bewegungen mit Händen und Armen machen. Doch bevor Sie mit den Hüft- und Beckenbewegungen beginnen, sollten Sie mit den Hand- und Armbewegungen etwas vertraut sein, so dass später – wenn Sie sich auf andere Körperbewegungen konzentrieren – die Arme nicht marionettenhaft herunterhängen.

Nehmen Sie die Grundhaltung der Hände ein, und achten Sie darauf, dass die Mittelfinger leicht nach unten gespreizt sind.

1] Beginnen Sie mit der ersten Welle, indem Sie zunächst das Handgelenk senkrecht nach unten richten.

2] Heben Sie die Hand nun langsam waagrecht hoch, und bringen Sie sie senkrecht nach oben. Drücken Sie bei dieser Bewegung die Hand fest durch.

3] Strecken Sie Ihre Arme während der Wellenbewegungen seitwärts von sich, oder ...

4] ... bewegen Sie eine Hand schlangenartig vor Ihrem Oberkörper. Beginnen Sie oberhalb des Kopfs, und führen Sie die Hand bis zur Hüfte. Dort angelangt, gehen Sie mit einer Wellenbewegung zur Bauchmitte und wieder zurück zur Hüfte.

Vorstellungsbild

Stellen Sie sich vor, Sie würden mit Ihrer Hand über etwas Rundes, z. B. einen Ball, streichen.

Tipps für Anfänger

- Wie beim Handkreisen steuert bei den Handwellen der Mittelfinger die Bewegung. Auch hier gilt: Die Bewegung kommt aus dem Handgelenk, die Unterarme schwingen nicht mit!
- Handwellen sind eine isolierte Bewegung der Hände, deshalb sollten die anderen Körperteile ruhiggehalten werden.
- Wenn Sie mit einer Hand die Wellenbewegungen ausführen, lassen Sie die unbewegte Hand nicht nach unten hängen, sondern berühren Sie mit den Fingerspitzen sanft Ihre Schläfe, wobei die Handfläche nach vorn gerichtet ist. Die Berührung der Schläfe ist eine reizvolle, sinnliche Geste.

Die verschiedenen Armhaltungen

Wie bereits erwähnt, liegt bei allen Bauchtanzbewegungen ein besonderes Augenmerk auf der Arm- und Handhaltung. Daher sollten Sie bei den ersten Übungen bereits darauf achten, dass Ihre Arme und Hände nicht wie bei einer Marionette herunterhängen oder sich unkontrolliert bewegen. Studieren Sie die nachfolgenden Armhaltungen gut ein, und variieren Sie diese dann zu den Hüft- und Schrittbewegungen und später zu Ihren Tanzübungen.

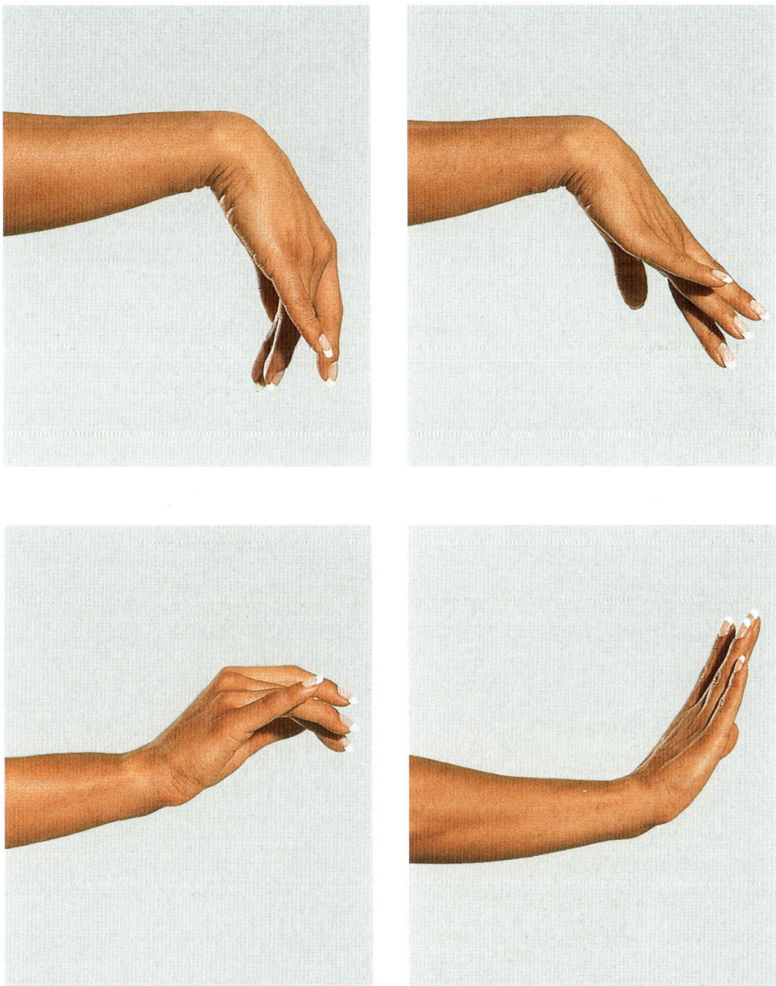

Wellenbewegung der rechten Hand: Die Bewegung beginnt von unten (oben links), die Hand hebt sich (oben rechts), geht über die Waagrechte hinaus (unten links) nach oben (unten rechts). Die Bewegung kommt aus dem Handgelenk, der Unterarm bleibt dabei gerade.

Die Grundhaltung der Arme

Die Grundhaltung der Hände und Arme sollten Sie intensiv üben. Alle anderen Hand- und Armbewegungen entwickeln sich daraus.

Grundhaltung der Arme mit seitlich ausgebreiteten Armen: Sie können die Arme auch etwas runder nach vorn nehmen – wie zu einer Umarmung.

1] Heben Sie Ihre Arme seitlich bis etwa in Höhe Ihrer Schultern, als ob Sie jemanden umarmen wollten.

2] Ziehen Sie die Schultern dann leicht nach hinten, und lassen Sie diese sinken. Ihre Haltung ist so entspannt und anmutig.

3] Die Ellbogen bleiben leicht gebeugt. Die Hände bilden mit den Armen eine Linie, die Fingerposition entspricht der Grundhaltung der Hände (siehe Seite 34).

4] Die Handflächen weisen nach unten oder sind leicht zueinander gedreht.

Tipps für Anfänger

- Wie bei der Grundhaltung der Hände werden auch bei der Grundhaltung der Arme die Mittelfinger als die äußersten Punkte der Arme interpretiert.
- Die Hände dürfen auf keinen Fall nach unten hängen, die Handflächen zeigen nach unten oder werden etwas zueinander gehalten.
- Ziehen Sie die Schultern nicht nach oben, sondern nur ganz leicht zurück. Lassen Sie diese dann nach unten sinken, verkrampfen Sie sich aber dabei nicht. Denken Sie immer daran, dass der Oberkörper angenehm locker bleibt.

Die Hüft-Armhaltung

1] Halten Sie Ihre Arme in einem Abstand von etwa zehn Zentimetern seitwärts von Ihrer Hüfte.

2] Winkeln Sie die Ellbogen leicht an, und ziehen Sie die Schultern ein wenig nach hinten.

3] Ihre Handflächen zeigen zum Körper; sie befinden sich in der Grundhaltung.

Vorstellungsbild

Stellen Sie sich vor, zwischen Ihren Händen und Hüften befinden sich gleichpolige Magnete, die sich gegenseitig abstoßen. Sie haben das Gefühl, dass Ihre Arme so locker und leicht sind, als würden Sie sich im Wasser bewegen.

Tipps für Anfänger

- Achten Sie insbesondere darauf, dass Ihre Schultern möglichst entspannt sind.
- Durch das Zurücknehmen der Schultern und das anschließende Sinkenlassen wird der Brustkorb weit. Spüren Sie dieses Gefühl der Weite und Ihre Körperlichkeit ganz bewusst.
- Auch wenn sich die Arme und Hände in einem leichten Spannungszustand befinden, sollte die Haltung locker und weich sein. Der Oberkörper bleibt dabei immer ganz entspannt.

Die folgenden Armhaltungen können Sie ebenso wie die Handbewegungen zu den Musikstücken Nr. 2, 4, 6, 8 auf der CD üben.

Klassisch: Die Hüft-Armhaltung betont die weiblichen Rundungen. Achten Sie darauf, dass die Oberarme nicht am Körper anliegen.

Die verschiedenen Armhaltungen dienen der ausdrucksstarken »Verschönerung« des Bewegungsablaufes.

Die Hoch-Hüft-Armhaltung

1] Halten Sie einen Arm wie bei der Hüft-Armhaltung (siehe Seite 39) seitwärts vom Körper.

2] Heben Sie den anderen Arm senkrecht nach oben, und führen Sie Ihre Hand in der Armlinie mit.

3] Die Finger befinden sich in der Grundhaltung der Hände.

Tipps für Anfänger

- Achten Sie darauf, dass die Hand des nach oben gehaltenen Arms nicht abgeknickt nach unten hängt, sondern in einem leichten Spannungszustand den Arm nach oben verlängert.
- Achten Sie darauf, dass Ihre Gesamthaltung locker ist.

Die Schläfe-Seit-Armhaltung

1] Nehmen Sie die Grundhaltung der Arme ein, indem Sie Ihre Arme in Schulterhöhe seitlich ausbreiten.

2] Führen Sie nun eine Hand an Ihre Schläfe und berühren Sie diese entweder mit den Fingerspitzen oder mit dem Handrücken.

3] Der zweite Arm bleibt ausgestreckt in Schulterhöhe, die Hand befindet sich in der Grundhaltung.

Tipps für Anfänger

- Lassen Sie den Ellbogen des an die Schläfe geführten Arms nicht herabhängen, sondern halten Sie ihn in Schulterhöhe.

Die Hoch-Hüft-Armhaltung (links) kann gut in die Schläfe-Seit-Armhaltung (rechts) übergeführt werden oder umgekehrt.

Das Armkreuzen

1] Überkreuzen Sie Ihre Unterarme in Brusthöhe. Die Fingerspitzen Ihrer Hände zeigen etwas nach oben. Ihre Handflächen sind entweder leicht dem Körper zugeneigt, oder sie zeigen nach unten.

2] Heben Sie dann Ihre Arme über den Kopf, die Handrücken bleiben über Kreuz.

3] Hoch über dem Kopf drehen Sie die Handflächen zueinander und schließen Ihre Hände.

Tipps für Anfänger

- Umrahmen Sie Ihren Kopf mit den Armen, ohne dass er eingeklemmt wirkt.
- Überkreuzen Sie die Hände genau über Ihrer Kopfmitte.
- Halten Sie Ihre Arme mit einer leichten Spannung nach oben.
- Die Arme dürfen nicht nach vorn hängen.

Um Hand- und Armbewegungen zu betonen, tragen Profitänzerinnen speziellen Hand- und Armschmuck. Versuchen Sie es selbst, indem Sie einen (nicht zu schweren) Armreif oder ein Armband tragen.

Ausgangsstellung des Armkreuzens (links) und Endstellung der Arme und Hände über dem Kopf (rechts).

Isolierte Armbewegungen

Üben Sie die isolierten Armbewegungen zu den Stücken Nr. 2, 4, 6, 8 auf der CD.

Die ausdrucksvollen Bewegungen der Arme sind für den Orientalischen Tanz charakteristisch. Mit hingebungsvollen und zugleich ausdrucksstarken Armbewegungen bezaubern Bauchtänzerinnen während eines Flötensolos ihr Publikum. Das Geheimnis ist: sich öffnen und in die Musik hineintauchen. Auch wenn Sie zunächst die Armbewegungen isoliert üben und dann mit Hüftbewegungen und Schritten verbinden – beim Tanz sind die Armbewegungen nie isoliert, sondern immer fließend. Verschiedene Armbewegungen gehen ineinander über. Die drei folgenden Armbewegungen – Klassische Arme, Armwelle und Schlangenarme – sind »Klassiker« des Orientalischen Tanzes.

Die Klassischen Arme

Diese Form der Armbewegung ist auch unter dem Namen »Ägyptische Arme« bekannt.

Üben Sie zunächst die strenge Variante der Klassischen Arme. Später können Sie die Ellbogen etwas beugen – das macht die Bewegungen weicher.

1] Heben Sie Ihre Arme auf Schulterhöhe, und strecken Sie sie vor Ihrem Oberkörper gerade aus.

2] Die Handfläche und die Fingerspitzen der rechten Hand zeigen nach unten, die der linken Hand nach oben.

3] Während Sie nun den rechten Arm etwas nach oben heben, senken Sie den linken Arm und führen die Fingerspitzen beider Hände aneinander vorbei.

4] Jetzt zeigt die rechte Hand mit den Fingerspitzen nach oben; die linke Hand zeigt mit den Fingerspitzen nach unten.

5] Senken Sie nun den rechten Arm nach unten, den linken Arm nach oben, und führen Sie Ihre Fingerspitzen wieder aneinander vorbei.

6] Sie sind nun in der Ausgangsposition: Die rechten Fingerspitzen zeigen nach unten, die linken nach oben – es geht von vorn los.

7] Die Klassischen Arme sind besonders wirkungsvoll, wenn der Oberkörper nach hinten gebeugt wird. Das Gewicht wird dabei auf das rechte, leicht gebeugte Bein verlagert, während das linke Bein auf den Zehenspitzen nach vorn ausgestellt wird.

Vorstellungsbild

Auch bei dieser Bewegung können Sie sich vorstellen, mit den Händen über etwas Rundes zu streichen.

Tipps für Anfänger

- Achten Sie darauf, dass der Bewegungsansatz der Klassischen Arme aus dem Handgelenk kommt.
- Denken Sie dabei an die Grundhaltung der Hände!
- Auch wenn die Arme ständig gestreckt sind, sollten Sie keine verkrampfte Haltung einnehmen. Machen Sie lieber öfter eine Pause, und schütteln Sie Ihre Arme kräftig aus.
- Besonders wichtig für die Klassischen Arme: Die Ellbogen sind bei der Bewegung zunächst gestreckt, da sie in der Anfangsphase des Übens noch nicht gebeugt werden sollten.

Heben und Senken der Arme mit den Fingerspitzen nach oben und nach unten: Bei den Klassischen Armen üben Sie zunächst mit gestreckten Armen.

Die Armwelle

Üben Sie diese Bewegung zunächst mit einem Arm: Strecken Sie Ihren rechten oder linken Arm seitlich in Schulterhöhe aus.

1] Ziehen Sie das nach oben gerichtete Handgelenk zur Schulter heran, indem Sie den Ellbogen anwinkeln. Die Hand bleibt waagrecht.

2] Lassen Sie Ihr Handgelenk nun an Ihrem Oberkörper entlang nach unten gleiten. Der Ellbogen streckt sich, das Handgelenk bleibt nach oben gerichtet.

3] Drücken Sie nun das Handgelenk nach außen, und ziehen Sie Ihren Arm nach oben, bis dieser wieder in der Ausgangsstellung ist.

4] Üben Sie abwechselnd mit dem rechten und linken Arm, bis die Bewegungen fließend und rund sind. Erst nachdem Sie diese Bewegung verinnerlicht haben, üben Sie mit beiden Armen gleichzeitig.

5] Wenn Sie auch darin geübt sind, versuchen Sie es zeitlich versetzt: Sobald Ihr rechter Arm am tiefsten

Die Phasen der Armwelle: Sie ziehen den ausgestreckten Arm etwas zur Schulter heran (oben und unten). Dann führen Sie die Hand am Oberkörper hinab; das Handgelenk bleibt waagrecht (Seite 45 oben). Erst mit der Armbewegung nach oben drücken Sie das Handgelenk nach außen (Seite 45 unten), um in einer runden Bewegung wieder in die Ausgangsstellung zurückzukommen.

Punkt der Bewegung angelangt ist, befindet sich Ihr linkes, aufgerichtetes Handgelenk am höchsten Punkt. Diese zeitlich versetzten Armbewegungen sind nicht ganz einfach, daher gilt es häufig konzentriert zu üben.

Vorstellungsbild

Stellen Sie sich vor, Sie würden den rhythmischen Wellengang des Meeres mit Ihren Armen schwungvoll nachahmen.

Tipps für Anfänger

- Auch bei der seitlichen Armwelle gilt: Die Bewegung kommt aus dem Handgelenk.
- Achten Sie darauf, dass Sie Ihre Finger möglichst locker halten. Bringen Sie diese am besten in die Grundhaltung der Hände, und überprüfen Sie gelegentlich die Haltung.

Wenn Sie die Armwellen sicher ausführen können, üben Sie das weite Zurückbeugen des Oberkörpers. Achten Sie dabei auf einen festen Stand. Das linke Bein ist das Standbein, auf dem das Gewicht ruht. Das rechte Bein wird in Schrittstellung nach vorn genommen und auf den Zehenspitzen aufgesetzt; es fungiert als Spielbein.

Die Schlangenarme

Üben Sie die Schlangenarme zum langsamen Anfangsteil des Stücks Nr. 2 auf der CD.

Die Arme können Ihnen beim Üben auch schwer werden. Schütteln Sie diese dann kraftvoll aus. Mit der Zeit wird Ihre Armmuskulatur durch das beständige Üben kräftiger werden.

Für die Schlangenarme machen Sie zunächst die folgende »Wasserballübung«.

1] Ziehen Sie Ihre rechte und linke Schulter abwechselnd hoch, und lassen Sie diese wieder sinken.

2] Heben Sie Ihre Schultern immer höher, so dass die Ellbogen ebenfalls hochgezogen werden. Wenn Sie den Eindruck haben, zwei große Wasserbälle unter den Armen zu halten, dann haben Sie die richtige Haltung eingenommen.

3] Dehnen Sie diese »Wasserballhaltung« mit den Armen noch weiter aus, heben sich auch die Handgelenke in die Höhe.

Haben Sie diesen Bewegungsablauf verinnerlicht, können Sie mit den Schlangenarmen beginnen.

1] Üben Sie der Einfachheit halber zuerst mit einem Arm. Nehmen Sie die Hüft-Armhaltung (siehe Seite 39) ein, und heben Sie zuerst die Schulter, dann den Ellbogen nach oben. Der Unterarm ist völlig locker und hängt wie bei einer Marionette nach unten.

2] Heben Sie jetzt Ihren Unterarm langsam nach oben, und lassen Sie Ihr Handgelenk locker nach unten hängen.

3] Sobald Sie mit Ihrem Arm ganz oben angelangt sind, klappen Sie Ihr Handgelenk um, so dass die Handinnenfläche nach oben zur Decke weist und sich über Ihrem Kopf befindet. Auch hier sollten Sie auf die Grundstellung der Hände achten.

Übung für die Schlangenarme: Sie halten in Ihrer Vorstellung zwei große Wasserbälle unter den Armen.

4] Um den Arm wieder langsam nach unten zu bringen, senken Sie zuerst Ihre Schulter, dann den Ellbogen, das Handgelenk und zum Schluss die Hand.

5] Sobald Sie die Bewegung mit einem Arm sicher ausführen können, üben Sie den Bewegungsablauf mit beiden Armen.

6] Wenn Sie die Schlangenarme beidseitig beherrschen, beginnen Sie mit zeitlich versetzten Armbewegungen: Ist der rechte Arm über Ihrem Kopf und setzt seinen Weg nach unten an, dann ist der linke Arm im Begriff nach oben zu gehen, indem die linke Schulter angehoben wird. Ist der linke Arm oben angelangt, senkt er sich wieder, und der rechte Arm wird angehoben.

Vorstellungsbild

Ihre Arme stellen eine Schlange dar, die sich von einer Seite zur anderen dahinschlängelt.

Tipps für Anfänger

- Bei den Schlangenarmen ist zu beachten: Die Bewegung beginnt von den Schultern aus.
- Achten Sie darauf, dass Ihre Ellbogen beim Hochziehen nach oben gerichtet sind.
- Die Handflächen zeigen bei der Aufwärtsbewegung zum Körper hin, also nicht nach hinten oder außen drehen!
- Die versetzten Schlangenarme sind eine schwierige Bewegung. Vermutlich vergehen einige Wochen, bis Sie diese beherrschen.

Der Schlangeneffekt kommt besonders gut zur Geltung, wenn Sie die versetzten Armbewegungen von den Fingerspitzen der einen Hand zu denen der anderen Hand fließen lassen.

Versetzte Schlangenarme: Der linke Arm ist auf dem Weg nach unten, der rechte auf dem Weg nach oben.

Hüftbewegungen

Wer bauchtanzt, setzt den Körper von Kopf bis Fuß in Bewegung. Dabei kommen vor allem die Hüften zum Einsatz. Diese verleihen dem Tanz durch Schieben, Kreisen, Kippen, Drehen, Schwingen und die Shimmys (so werden die Zitterbewegungen der Hüften und der Schultern genannt) seine charakteristische Besonderheit.

Das Hüftschieben

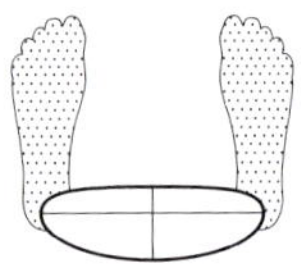

Grundstellung mit gleicher Gewichtsverteilung auf den Füßen und Normalstellung der Hüften.

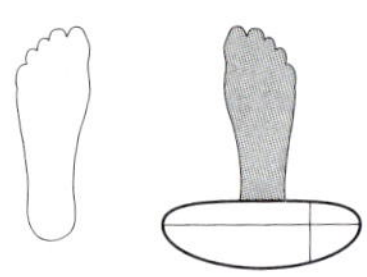

Gewichts- und Beckenverlagerung beim Hüftschieben nach rechts.

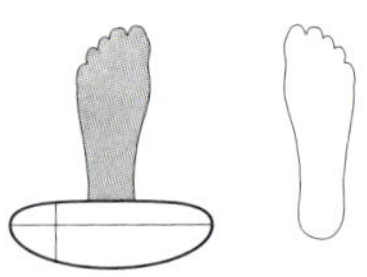

Gewichts- und Beckenverlagerung beim Hüftschieben nach links.

Das Hüftschieben ist eine Isolationsübung für das Becken, dessen Beherrschung Sie für viele Bauchtanzbewegungen benötigen.

1] Nehmen Sie zum Üben die Grundstellung (siehe Seite 26) ein, und achten Sie darauf, dass die Füße flach auf dem Boden und etwa hüftbreit auseinander stehen.

2] Nun werden die Hüften einmal zur rechten, dann zur linken Seite geschoben.

3] Bei diesem Schieben wird das Körpergewicht zunächst langsam vom linken auf den rechten Fuß verlagert; dann folgt fließend die Verlagerung zur anderen Seite: vom rechten Fuß auf den linken.

4] Das Hüftschieben können Sie mit der Hüft-Armhaltung (siehe Seite 39) verstärken, indem Sie die geöffneten Hände bei der jeweiligen Rechts- oder Linksbewegung der Hüfte mitführen.

5] Eine weitere Variante, die sich mit dem Hüftschieben kombinieren lässt, ist das Armkreuzen (siehe Seite 41).

Vorstellungsbild

Stellen Sie sich vor, dass vor Ihnen auf dem Boden eine Linie oder ein Streifen verläuft, und bewegen Sie Ihre Hüften parallel zu dieser gedachten Linie.

Tipps für Anfänger

- Die Fußsohlen bleiben beim Hüftschieben immer ganz auf dem Boden; die Fersen oder Ballen der Füße dürfen daher nicht nach oben abheben. Verlagern Sie lediglich das Gewicht.
- Achten Sie darauf, dass Sie die Hüften nur schieben und nicht etwa hochheben, wie es beim Hüftwippen (siehe Seite 51f.) der Fall ist. Hierzu ist die Vorstellung einer parallelen Linie am Boden hilfreich.
- Wenn Sie sich eine Hilfslinie auf dem Boden vorstellen, sollte Ihr Blick nicht nach unten wandern. Der Kopf ist immer stolz aufgerichtet – mit freundlichem Lächeln und strahlenden Augen.
- Mit durchgestreckten Knien macht diese Übung keinen Spaß! Die Bewegung wird dann kantig und verursacht Schmerzen im unteren Rücken. Denken Sie immer daran, dass die Knie leicht gebeugt sind. Die Bewegungen werden dadurch runder und weicher und wirken entspannend auf den Rücken.

Hüftschieben üben Sie am besten zu den Musikstücken Nr. 2, 4, 6, 8, 9, 10 auf der CD.

Die Hüften werden parallel zu einer gedachten Linie nach rechts (Bild seite 48) und links (Bild links) geschoben, ohne dass sie dabei angehoben werden.

Das Hüftdrehen

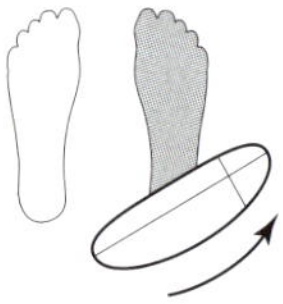

Hüftdrehen nach rechts, Gewicht auf dem rechten Fuß.

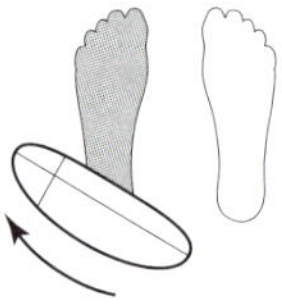

Hüftdrehen nach links, Gewicht auf dem linken Fuß.

Diese Figur wird auch »Twist« genannt und erinnert durch das mehr oder weniger schnelle Drehen der Hüften an den bekannten Modetanz aus den sechziger Jahren des 20. Jahrhunderts.

1] Gehen Sie in die Grundstellung, und schieben Sie Ihr Becken, wie beim Hüftschieben (siehe Seite 48f.), nach rechts und links.

2] Ist die Hüfte auf diese Weise gut isoliert und gelockert, verringern Sie den Abstand zwischen den Füßen und beginnen Sie, die rechte Hüfte nach vorn zu drehen. Die linke Hüfte geht dabei nach hinten.

3] Jetzt drehen Sie die linke Hüfte nach vorn, die rechte geht dabei nach hinten. Drehen Sie im ständigen Wechsel die Hüfte nach rechts und links.

4] Die Arme werden beim Twisten am besten in die Grundhaltung gebracht (siehe Seite 38) und möglichst ruhig gehalten.

Vorstellungsbild

Wenn Sie Ihr Becken nach vorn und hinten drehen, stellen Sie sich vor, nicht selbst wirklich aktiv zu sein, sondern dass Sie in die jeweilige Position geschoben werden.

Hüftdrehen: Die rechte Hüfte wird nach vorn gedreht; die linke geht dabei nach hinten (links). Dann folgt die Bewegung auf der anderen Seite (rechts).

Tipps für Anfänger

- Achten Sie darauf, dass die Füße relativ nah beieinander stehen und die Fersen auf dem Boden bleiben.
- Die Hüfte wird lediglich vor- und zurückbewegt, nicht nach oben und nicht nach unten.
- Die Wirkung des Hüftdrehens während des Tanzens kommt am besten zur Geltung, wenn eine gewisse Spannung im Oberkörper, in den Schultern sowie in den Armen und den Händen vorhanden ist. Deshalb ist es besonders wichtig, dass Oberkörper, Schultern und Arme nicht mit der Hüfte mitschwingen.
- Wenn Sie diese Übung beherrschen, versuchen Sie, das Gewicht abwechselnd auf den rechten und – nach viermaligem Twisten – auf den linken Fuß zu verlagern. Das ist die Vorübung für den Twistschritt (siehe Seite 78).

Hüftdrehen und Hüftwippen üben Sie am besten zu den Musikstücken Nr. 2, 4, 7, 9, 10 auf der CD.

Das Hüftwippen

Sobald Sie Ihre Hüfte durch Schieben und Drehen gut isolieren können, lernen Sie nun eine dritte Variante der Isolationstechnik kennen, das Auf- und Abwärtsbewegen der Hüfte.

1] Nehmen Sie die Grundstellung ein. Die Knie sind leicht gebeugt, die Füße stehen eng beieinander. Das Gewicht ist auf beiden Beinen gleichmäßig verteilt.

2] Heben Sie dann Ihre rechte Hüfte nach oben. Das rechte Bein streckt sich dabei etwas mit. Die Ferse bleibt aber dennoch am Boden.

3] Die rechte Hüfte geht nach oben, die linke Hüfte nach unten; das Gewicht liegt jetzt auf der linken Seite.

4] Jetzt wird abwechselnd gewippt: Die linke Hüfte geht nach oben, die rechte fällt nach unten usw.

5] Versuchen Sie das Wippen der Hüfte wechselseitig in immer schnelleren Auf- und Abwärtsbewegungen.

6] Die Arme werden dazu entweder in der Grundhaltung, in der Hüft-Armhaltung (siehe Seite 39) oder einfach leicht nach oben mit geöffneten Händen gehalten.

Vorstellungsbild

Denken Sie an herabsinkende Luftballons, die Sie mit dem Anheben der Hüfte wieder anmutig nach oben schubsen.

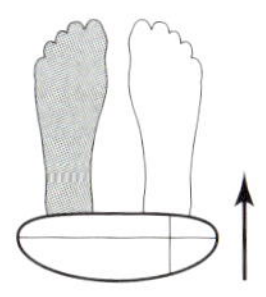

Gewicht auf dem linken Fuß, während die rechte Hüfte nach oben geht.

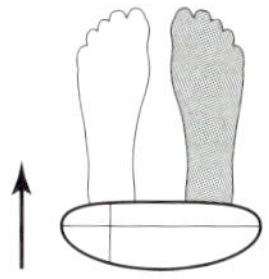

Gewicht auf dem rechten Fuß, während die linke Hüfte nach oben geht.

Die liegende Hüftacht

Bei dieser Bauchtanzfigur lernen Sie eine Bewegung kennen, die das Hüftdrehen (siehe Seite 50f.) nach beiden Seiten miteinander verbindet. Die nachfolgende Figur wird die liegende Acht genannt, da mit der Hüfte in der horizontalen Ebene die Form einer Acht (∞) beschrieben wird.

1] Gehen Sie in die Grundstellung. Wie beim Hüftdrehen wird die rechte Hüfte nach vorn geschoben, die linke Hüfte befindet sich nun hinten.

2] Drehen Sie in einem seitlichen Halbkreis die rechte Hüfte nach hinten, die linke Hüfte ist nun vorn angelangt.

Üben Sie die liegende und stehende Hüftacht zu den Musikstücken Nr. 2, 4, 6, 9, 10 auf der CD.

Tipps für Anfänger

- Achten Sie beim Anheben der Hüfte darauf, dass Ihr Bein nie ganz durchgestreckt ist und Sie dadurch ins Hohlkreuz geraten.
- Die Fußsohlen befinden sich flach auf dem Boden, die Fersen gehen nicht nach oben mit.
- Der Oberkörper, der Kopf und auch die Schultern werden völlig ruhig gehalten.

Hüftwippen: Während die rechte Hüfte nach oben wippt, wird das rechte Bein gestreckt (links). Bei der Bewegung mit der linken Hüfte wird das linke Bein gestreckt (rechts).

3] Schieben Sie anschließend die linke Hüfte so weit diagonal nach links, wie es Ihnen möglich ist.

4] Vollenden Sie Ihre erste liegende Acht, indem Sie die linke Hüfte aus der Diagonalen in einem Halbkreis nach hinten drehen, bis Sie mit der rechten Hüfte wieder vorn angekommen sind.

5] Diese wird dann in der diagonalen Verlängerung nach vorn geschoben. Sie sind damit am Anfang der zweiten Acht angelangt.

6] Halten Sie Ihre Arme in der Grundhaltung (siehe Seite 38), oder begleiten Sie die Bewegung Ihres Beckens mit der Hüft-Armhaltung (siehe Seite 39).

Vorstellungsbild

Stellen Sie sich eine liegende Acht (∞) auf dem Boden vor, und zeichnen Sie die Figur mit Ihren Hüften sanft und geschmeidig nach. Wenn das nicht klappt, legen Sie ein Band oder Seil in Form einer Acht auf den Boden, stellen Ihre Füße in die Schlaufen, und schon kann es mit der Hüftacht losgehen!

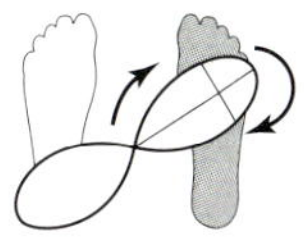

Die rechte Hüfte wird nach vorn geschoben und dann in einem Halbkreis nach hinten geführt.

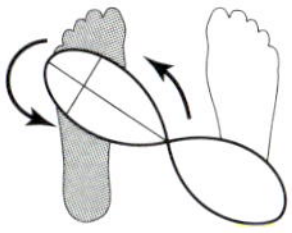

Die nach vorn geschobene linke Hüfte wird in einem Halbkreis nach hinten geführt.

Phase 1 der liegenden Hüftacht: Von rechts schieben Sie das Becken in einem Halbkreis nach hinten und nach links vorn, so dass die linke Hüfte vorn steht (links). Phase 2: In einem zweiten Halbkreis kommen Sie wieder mit der rechten Hüfte nach vorn (rechts).

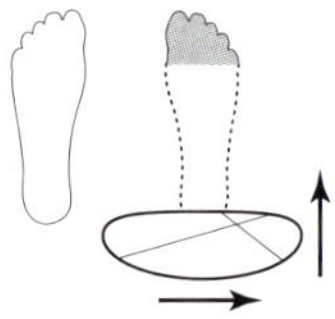

1. Phase der stehenden Hüftacht: Beim Anheben der rechten Hüfte ist das Gewicht auf dem rechten Fußballen.

Tipps für Anfänger

- Die Füße bleiben auf dem Boden, die Fersen dürfen also nicht abheben. Das Gewicht ist gleichmäßig auf beide Füße verteilt.
- Beugen Sie Ihre Knie so, dass die Beine mitschwingen können. Damit erzielen Sie eine weiche und runde Bewegung der Hüfte.
- Achten Sie darauf, dass Ihre Hüfte immer schräg nach vorn bzw. nach hinten steht.
- Obgleich der Oberkörper sich leicht mitbewegt, sollte er dennoch ruhig gehalten werden und nicht mitschwingen.
- Achten Sie darauf, nicht ins Hohlkreuz zu fallen.
- Konzentrieren Sie sich darauf, immer in der Grundstellung zu bleiben. Ein aufgerichtetes Becken ist bei dieser Übung ein Muss.

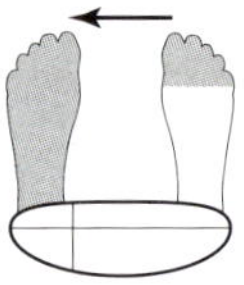

2. Phase: Bei der Verlagerung nach links geht das Gewicht auf den linken Fuß.

Die stehende Hüftacht

Die Phasen der stehenden Hüftacht: Die rechte Hüfte wird nach rechts geschoben (links) und dann nach oben gehoben (rechts); dabei geht der rechte Fuß auf den Ballen.

Diese Figur, auch Schlangenacht genannt, beschreibt eine Acht in vertikaler Richtung (8). Mit dieser Bewegung verbinden Sie das Hüftschieben (siehe Seite 48f.) und das Hüftwippen (siehe Seite 51f.).

1] Nehmen Sie die Grundstellung ein, und stellen Sie die Füße etwa hüftbreit auseinander. Verlagern Sie zunächst Ihr Gewicht wie beim Hüftschieben abwechselnd nach rechts und links.

2] Schieben Sie Ihre Hüfte nach rechts, und heben Sie sie nach oben. Sobald die Hüfte angehoben wird, hebt sich auch die rechte Ferse.

3] Bewegen Sie Ihre Hüfte zur Körpermitte hin, und stellen Sie den Fuß wieder ganz auf den Boden.

4] Schieben Sie gleich anschließend Ihre Hüfte auf die linke Seite, und heben Sie sie an. Die linke Ferse hebt sich vom Boden.

5] Beschreiben Sie mit Ihrer Hüfte den linken Kreis nach oben, und gehen Sie in die Ausgangsstellung zurück, indem Sie Ihre Ferse wieder auf dem Boden absetzen.

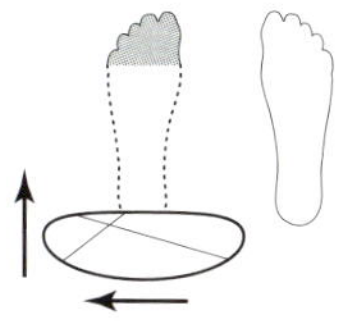

3. Phase: Beim Anheben der linken Hüfte liegt das Gewicht auf dem linken Fußballen.

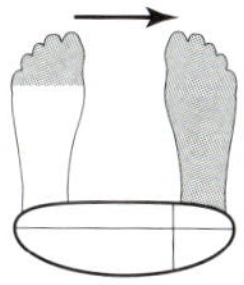

4. Phase: Bei der Verlagerung geht das Gewicht wieder nach rechts.

Vom höchsten Stand der Hüfte rechts bewegt sich das Becken über die Grundstellung nach links (links). Die linke Hüfte hebt sich, ebenso die Ferse des linken Fußes (rechts).

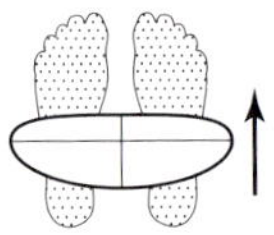

1. Phase des kleinen Hüftkreises: Das Becken wird leicht nach vorn geschoben.

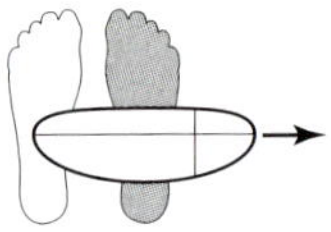

2. Phase: Becken- und Gewichtsverlagerung nach rechts.

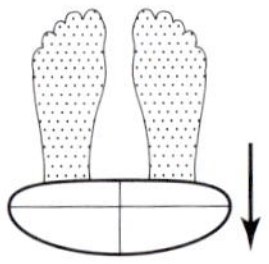

3. Phase: Das Becken schiebt sich im Halbkreis nach hinten.

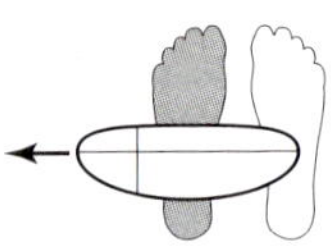

4. Phase: Becken und Gewichtsverlagerung nach links vorn.

6] Nehmen Sie zu dieser Übung Ihre Arme mit gestreckten Händen nach oben, und überkreuzen Sie die Hände.

Vorstellungsbild

Stellen Sie sich beim Üben die Bewegung einer Schlange vor. Je schneller die vertikalen Kreise ausgeübt werden, desto größer ist der Schlängeleffekt.

Tipps für Anfänger

- Achten Sie darauf, dass Sie Ihre Hüfte nicht nach vorn drehen, sondern nur nach oben und unten bewegen.
- Damit Sie genügend Schwung für die Bewegung haben, sollten Sie nie gleichzeitig auf beide Fußballen gehen, sondern es gilt: rechte Seite heben – absetzen – linke Seite heben – absetzen usw.
- Damit der schlangenförmige Charakter dieser Figur zur Geltung kommt, muss die Bewegung sehr fließend sein.
- Die Füße zeigen gerade nach vorn und stehen nicht zu eng beieinander, da Sie sonst leicht aus dem Gleichgewicht kommen.

Der kleine Hüftkreis

Der kleine Hüftkreis wird im arabischen Sprachraum auch Mondkreis genannt. Er ist die kleine Ausführung des großen Hüftkreises, des so genannten Sonnenkreises (siehe dazu Seite 58f.).

1] Nehmen Sie die Grundstellung ein. Die Knie sind leicht gebeugt.

2] Die Füße stehen eng nebeneinander; das Gewicht sollten Sie in der Mitte halten.

3] Der Beckenboden ist möglichst entspannt, damit die Hüfte locker im Kreis schwingen kann.

4] Das Becken wird nun leicht nach vorn geschoben, die Bewegung dann zur rechten Hüfte weitergeführt.

5] Aus dieser Position wird ein Halbkreis nach hinten beschrieben, der wiederum über die linke Hüfte nach vorn geführt wird.

6] Üben Sie das Kreisen auch in die andere Richtung.

Vorstellungsbild

Stellen Sie sich vor, Sie stehen in einer engen Tonne und berühren mit Ihrem Becken immer die Wände dieser Tonne.

Tipps für Anfänger

- Der Rücken darf beim vorderen Halbkreis nicht ins Hohlkreuz geraten, das Becken ist beim Hüftkreis locker entspannt.
- Nicht mit den Beinen schwingen, die Bewegung kommt locker und geschmeidig aus dem Becken.
- Die Fußsohlen bleiben ganz auf dem Boden und die Knie sind leicht gebeugt.
- Der Oberkörper und der Kopf werden möglichst ruhig gehalten.
- Die Arme werden wie zu einer Umarmung mit der typischen Fingerhaltung (siehe Seite 38) ausgebreitet oder nach vorn ausgestreckt.

Zwei Positionen des Mondkreises: Weder bei der Bewegung nach vorn (links) noch bei der Bewegung nach hinten (rechts) darf der Rücken ins Hohlkreuz geraten. Beachten Sie dazu den großen Hüftkreis auf Seite 58f.

Der große Hüftkreis

Üben Sie beide Hüftkreise zu den Musikstücken Nr. 2, 3, 4, 6, 7, 9, 10, 11 auf der CD.

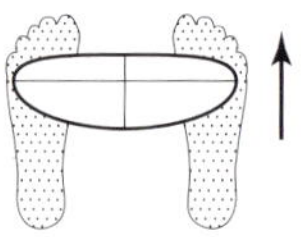

1. Phase des großen Hüftkreises.

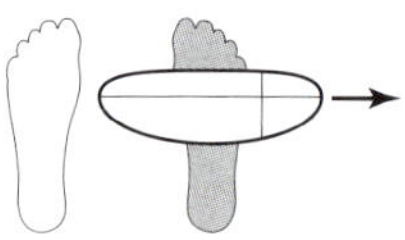

2. Phase.

Wenn Sie den kleinen Hüftkreis beherrschen, können Sie die große Ausführung des Hüftkreises, den Sonnenkreis, einüben.

1] Schwingen Sie sich zunächst mit dem kleinen Hüftkreis ein.

2] Nehmen Sie dann die Grundstellung ein, und stellen Sie Ihre Füße etwa hüftbreit auseinander.

3] Das Becken wird nun nach vorn gedrückt, wobei sich der Oberkörper nach hinten neigt.

4] Aus dieser Stellung wird das Becken dann weit nach rechts bewegt, während der Oberkörper sich nach links neigt.

5] Nun wird mit dem Becken ein großer Halbkreis nach hinten beschrieben, der Oberkörper wird dabei nach vorn gebeugt.

6] Zur Vollendung des großen Hüftkreises bewegt sich das Becken schließlich weit nach links und der Oberkörper nach rechts.

7] Üben Sie diese Bewegung auch in die andere Richtung. Die Arme werden am besten leicht seitlich nach vorn gestreckt, die Spannung wird dabei bis in die Finger gehalten. Die Hände nehmen die Grundhaltung (siehe Seite 34) ein.

8] Die Armhaltung kann auch, je nachdem, in welche Richtung die Hüfte kreist, variiert werden. Bei

Die Phasen des Sonnenkreises (der Anschaulichkeit wegen von der Seite und von vorn fotografiert): Das Becken geht weit nach vorn, der Oberkörper zurück (links). Dann erfolgt die Beckenbewegung nach rechts; der Oberkörper neigt sich weit nach links (rechts).

einer Drehung des Beckens im Uhrzeigersinn, also nach rechts, wird der rechte Arm zur Seite ausgestreckt und die linke Hand an die linke Schläfe gehalten. Während das Becken nach hinten kreist, werden die Arme nach vorn geführt.

Tipps für Anfänger

- Wie beim kleinen Hüftkreis bleiben die Füße ganz auf dem Boden aufgesetzt, die Fersen werden nicht angehoben. Achten Sie auch darauf, dass die Füße gerade nach vorn zeigen und nicht etwa nach außen gedreht sind.
- Es wird beim Hüftkreis ausschließlich das Becken bewegt, Oberkörper und Beine werden lediglich mit der Kreisbewegung des Beckens mitgeführt.
- Ist der große Hüftkreis gut einstudiert, kann er durch das Wippen mit den Hüften ergänzt werden. Aparte Akzente lassen sich setzen, wenn die Hüfte – vorausgesetzt Sie üben zur Musik – im Takt der Trommel zwischenfedert.

Vorstellungsbild

Stellen Sie sich vor, Sie würden einen Hula-Hoop-Reifen um Ihr Becken kreisen lassen, der rundum vollständig berührt werden muss. Durch kontinuierliches Üben werden die anfangs noch eckigen Bewegungen weich und rund. Üben Sie zunächst zu langsamer Musik, um diese Bewegung einzustudieren.

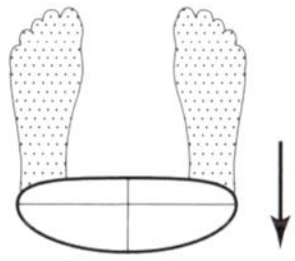

3. Phase.

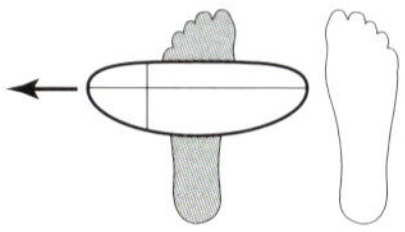

4. Phase.

Von der maximalen Bewegung nach rechts geht das Becken weit zurück, der Oberkörper in die Waagrechte (links). Als letzte Phase schließt sich die Beckenbewegung nach links an (rechts).

Das **Heben** und **Senken** der Hüfte (Hiplift und Hipdrop)

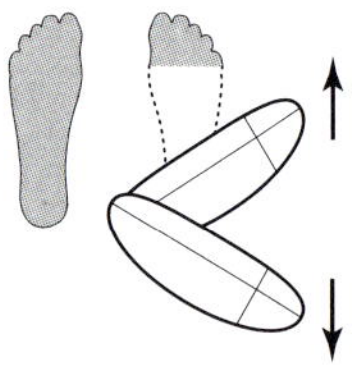

Hiplift mit anschließendem Hipdrop nach rechts.

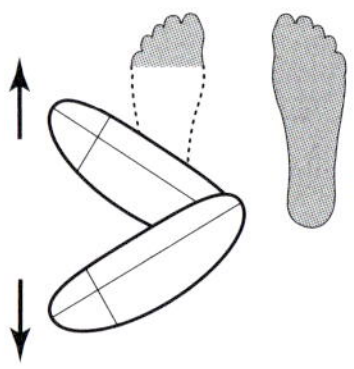

Hiplift und Hipdrop nach links.

Sobald Sie Ihre Hüfte mit mehreren Bewegungen in den Bauchtanz integrieren können, konzentrieren wir uns jetzt auf isolierte Bewegungen der Hüfte nach oben, nach unten und zur Mitte, um am Ende des Unterkapitels »Hüftbewegungen« die schnelle Zitterbewegung der Hüften, den Shimmy, kennen zu lernen.

1] Nehmen Sie die Grundstellung ein. Wenn Sie die Übung mit der rechten Hüfte beginnen, verlagern Sie Ihr Gewicht auf den linken Fuß.

2] Der rechte Fuß wird anschließend etwas angehoben und auf dem Fußballen abgestellt.

3] Die rechte Hüfte wird nun leicht nach vorn gedreht, nach oben angehoben und herausgedrückt, also nach oben »geworfen«.

4] Aus dieser Position wird die Hüfte – so weit es geht – nach unten gesenkt, also richtig »fallen gelassen«.

5] Wiederholen Sie das Heben und Senken der rechten Hüfte mehrmals, und üben Sie dann mit der linken Hüfte.

Tipps für Anfänger

Achten Sie darauf, dass Ihr Oberkörper völlig ruhig bleibt; nur die Hüfte bewegt sich.

Heben und Senken der rechten Hüfte: Die rechte Hüfte wird nach vorn oben gedrückt (links) und anschließend nach hinten »fallen gelassen« (rechts). Das rechte Bein steht dabei auf dem Ballen.

- Nehmen Sie die Schultern etwas zurück, und halten Sie diese gerade nach vorn – sie werden nicht mit der Hüfte mitgedreht.
- Der Fuß des jeweiligen Standbeins ist immer fest mit dem Boden verhaftet, das Knie bleibt wie in der Grundstellung leicht gebeugt.
- Um eine bessere Balance zu bekommen, können Sie das Heben und Senken der Hüfte zunächst auf einem Bein üben. Winkeln Sie dazu ein Bein an. Wenn Sie es nach innen drehen, heben Sie Ihre Hüfte; drehen Sie Ihr Bein wieder nach außen, senken Sie Ihre Hüfte. Wiederholen Sie das Ganze schwungvoll.

Vorstellungsbild

Stellen Sie sich vor, Sie wollen sich mit einer Gesäßhälfte auf einen Barhocker setzen. Sie heben Ihre Hüfte, um die Sitzfläche zu erreichen, und senken sie, um sich zu setzen – dann bemerken Sie, dass dieser Barhocker nass ist ...

Hiplift, Hipdrop und dreigeteilten Hüftschwung üben Sie am besten zu den Musikstücken Nr. 2, 3, 4, 5, 6, 7, 9, 10, 11 auf der CD.

Der dreigeteilte Hüftschwung

Beim Hüftschwung erfolgt das Anheben der Hüfte wie bei der zuvor beschriebenen Übung, allerdings liegt die Akzentuierung der Hüftbewegung allein auf der Bewegung nach oben. Das Senken der Hüfte wird nicht mehr betont. Sie gehen beim Hüftschwung lediglich in die Ausgangsstellung zurück, um mit der Hüfte wieder nach oben zu schwingen. Beim dreigeteilten Hüftschwung, auch »das M« genannt, »wirft« man die Hüfte nach vorn, zur Mitte und nach hinten.

1] Nehmen Sie die Grundstellung ein. Verlagern Sie Ihr Gewicht auf den linken Fuß, und heben Sie Ihre rechte Hüfte mit Schwung nach vorn zur Körpermitte hin, den Schwung fangen Sie mit dem rechten Fußballen ab.

2] Nehmen Sie aus dieser Position von neuem Schwung, und »werfen« Sie Ihre Hüfte nach oben zur Seite des Körpers hin, also parallel zur Ausgangsstellung.

3] Den dritten Hüftschwung platzieren Sie ebenfalls mit viel neuem Schwung nach hinten zur Rückenmitte hin.

Vorstellungsbild

Beschreiben Sie mit Ihrer Hüfte in Gedanken den Buchstaben »M«.

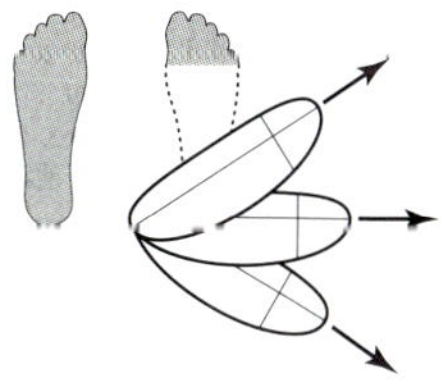

Hüftschwung nach rechts, zur Seite und nach hinten.

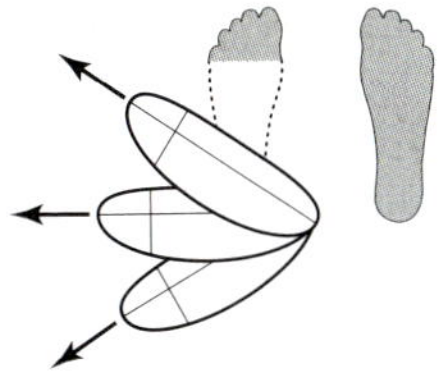

Dreigeteilter Hüftschwung nach links.

Auch der dreigeteilte Hüftschwung ist eine Isolationsübung der Hüften. Halten Sie den Oberkörper möglichst ruhig.

Tipps für Anfänger

- Auch beim dreigeteilten Hüftschwung gilt: Der Oberkörper bleibt völlig ruhig.
- Die Schultern werden nicht mit der Hüfte mitgedreht. Die Hüftdrehung erfolgt isoliert.
- Das jeweilige Standbein steht immer fest auf dem Boden und bleibt in der Grundhaltung leicht gebeugt. Das Knie ist also nicht durchgestreckt. Dennoch federt das jeweilige Tanzbein bei jedem Hüftschwung mit.

Der dreigeteilte Hüftschwung von der Seite: Aus der Grundstellung heraus wird die Hüfte nach vorn geworfen (rechts oben), dann zur Seite (unten links) und schließlich nach hinten (unten rechts).

Die Hüftkicks

Wir kommen mit den Hüftkicks erneut auf das »Hüftfallen« zurück. Wahrscheinlich sind Sie sich nicht bewusst, wie weit Sie Ihre Hüfte senken können, wenn Sie völlig entspannt sind und innerlich loslassen.

1] Vergegenwärtigen Sie sich das Senken der Hüfte (siehe Seite 60f.), dann gehen Sie in die Grundstellung. Um zu fühlen, wie weit Ihre Hüfte letztlich nach unten gehen kann, stützen Sie Ihre Hände auf den Hüften ab.

2] Senken Sie jetzt Ihre rechte Hüfte so weit wie möglich nach unten; gehen Sie in die Ausgangsstellung zurück, und senken Sie Ihre linke Hüfte nach unten.

3] Wenn Sie diese Abwärtsbewegung mühelos mit der Hüfte machen können, versuchen Sie, Ihre Hüfte kräftig nach unten auszuschütteln. So vollziehen Sie sozusagen die umgekehrte Bewegung des Hüftschwungs – den Hüftkick.

Vorstellungsbild

Sie schlagen mit Ihrem Po schwungvoll nach unten auf eine Trommel.

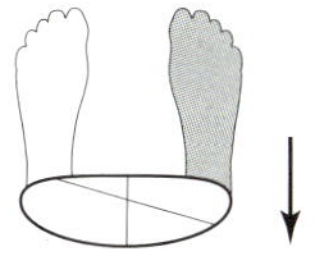

Hüftkick nach rechts unten.

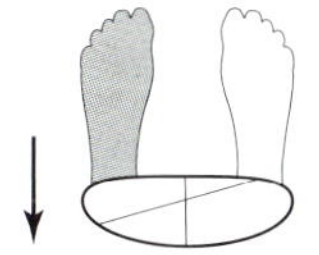

Hüftkick nach links unten.

So sehen Hüftkicks in Bewegung aus: Die rechte Hüfte »sinkt« nach unten, das rechte Knie gibt bei der Bewegung nach (links). Ebenso schwungvoll wird der Hüftkick nach links ausgeführt (rechts).

Die Beckenkippe

Üben Sie Hüftkicks und Beckenkippe zu den Musikstücken Nr. 2, 3, 5, 10, 11 auf der CD.

Tipps für Anfänger

- Der Oberkörper bleibt auch bei dieser Isolationsübung der Hüfte völlig ruhig.
- Mit durchgestreckten Knien sind Hüftkicks kaum möglich – stehen Sie daher in der Grundstellung, und geben Sie mit den Knien bei der Abwärtsbewegung nach.

Da Sie Ihre Hüften nun nach fast allen Seiten mit Leichtigkeit bewegen können, versuchen Sie jetzt, das Becken nach vorn und hinten zu kippen. Diese so genannte Beckenkippe ist eine wichtige Vorübung für Tanzschritte wie den Kamelgang.

1] Nehmen Sie die Grundstellung ein. Die Füße bleiben flach auf dem Boden, die Beine stehen etwa hüftbreit auseinander.

2] Der Beckenboden wird angespannt und dann wieder locker gelassen, der Bauch eingezogen und wieder losgelassen.

Bei der Beckenkippe wird das Becken abwechselnd nach hinten (links) und nach vorn gekippt (rechts). Legen Sie die eine Hand auf den Rücken und die andere auf den Bauch, und spüren Sie, wie die Bewegung nach vorn ein Hohlkreuz verursacht.

3] Legen Sie zum Üben eine Hand auf den Bauch, die andere Hand auf den unteren Rücken, und zwar auf den so genannten Hohlkreuzpunkt (Lendenwirbelsäule).

4] Spüren Sie, wie die Kippbewegung nach vorn den Bauch nach oben drückt und nach hinten ein Hohlkreuz verursacht.

Vorstellungsbild

Ihr Becken wird bei den Beckenkippen wie eine Schaukel vor- und zurückbewegt.

Tipps für Anfänger

- Der Oberkörper ist bei den Beckenkippen gerade und ganz ruhig, nur das Becken ist in Bewegung.
- Ziehen Sie bei dieser Bewegung nicht nur den Bauch ein, sondern versuchen Sie, Ihren Bauch und Ihre Wirbelsäule spürbar nach vorn und hinten zu rollen.
- Ganz falsch: Versuchen Sie keinesfalls, mit Hilfe von Kniebeugen diese Bewegung nachzuahmen!
- Die Bewegung ist sanft: Das sanfte Hin- und Herschaukeln des Beckens ist bei Schwangeren eine sehr beliebte Übung.

Der einfache Hüftshimmy

Der Shimmy – das völlig isolierte Zittern, Schütteln und Vibrieren der Hüften, Brust und Schultern – zählt zu den ekstatischen Bewegungen im Bauchtanz. Das Geheimnis seines Gelingens liegt wiederum im innerlichen Loslassen.

1] Wichtig ist vor allem, völlig entspannt zu sein. Schütteln Sie deshalb zunächst Ihren ganzen Körper von Kopf bis Fuß gut aus.

2] Gehen Sie dann mit leicht angespanntem Oberkörper in die Grundstellung. Von der Taille abwärts sollten Sie dennoch ganz locker sein.

3] Beginnen Sie zunächst langsam, dann schneller werdend mit kleinen Bewegungen das Hüftdrehen (siehe Seite 50f.).

4] Pendeln Sie nun immer schneller hin und her, bis Ihr Unterkörper völlig gelöst ist und die Hüften, die Oberschenkel und der Po richtig wackeln und vibrieren.

Vorstellungsbild

Pendeln Sie mit Ihren Hüften, als ob Sie einen Twist im Stil der sechziger Jahre des 20. Jahrhunderts ausführten – allerdings sehr viel schneller!

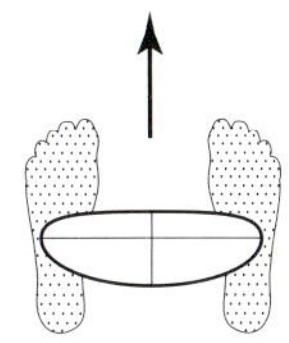

Beckenkippe nach vorn.

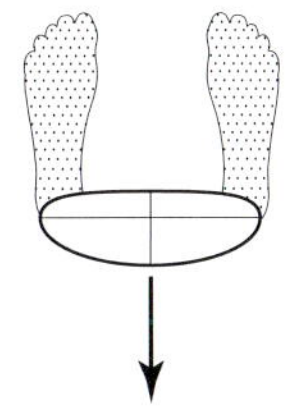

Beckenkippe nach hinten.

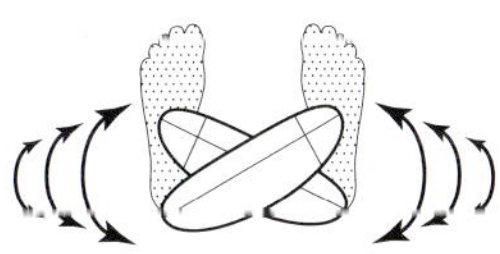

Becken- und Vibrationsbewegungen des Hüftshimmys.

Shimmys üben Sie am besten zu den Musikstücken Nr. 2, 3, 5, 11 auf der CD.

Tipps für Anfänger

- Die Füße stehen fest auf dem Boden, die Knie sind leicht gebeugt und nicht durchgedrückt.
- Den Oberkörper sollten Sie nicht verkrampfen, und während der Bewegungen atmen Sie ruhig und gleichmäßig. Achten Sie darauf, im Eifer des Gefechts nicht plötzlich den Atem anzuhalten.
- Die Arme werden während des Shimmys vor dem Körper nach oben geführt, und dort – so lange es geht – auch gehalten. Dann werden sie wieder zurück in die Ausgangsstellung gebracht.

Der Knie- oder Zittershimmy

Shimmys können nicht im Bild dargestellt werden, da die Bewegung sehr schnell ist. Wenn Sie die vorangegangenen Hüftbewegungen geübt haben, wird Ihnen diese Zitterbewegung gelingen.

Wie der Name schon sagt, wird dieser Shimmy, der den ganzen Körper vibrieren und zittern lässt, aus den Knien gesteuert. Er kann einseitig, z. B. nur mit der rechten Seite, oder wechselseitig, also abwechselnd mit beiden Knien, effektvoll ausgeführt werden.

1] Gehen Sie in die Grundstellung; die Beine sind leicht gebeugt.

2] Verlagern Sie Ihr Gewicht auf das rechte Bein, und spannen Sie die Beinmuskulatur an.

3] Beginnen Sie mit dem Zittern des Knies, indem Sie abwechselnd das Knie vor- und zurückbewegen. Lassen Sie die Bewegung immer schneller werden, bis Ihre ganze rechte Körperseite zittert.

4] Nachdem Sie die rechte Seite in Vibration versetzt haben, gehen Sie zur linken Seite über und lassen Sie diese vibrieren.

5] Zu guter Letzt, da Sie mit beiden Seiten nun vibrieren können, versuchen Sie es mit beiden Knien: Bewegen Sie abwechselnd beide Knie schnell vor und zurück, bis der ganze Körper erzittert.

Vorstellungsbild

Stellen Sie sich vor, Sie stehen auf einem beweglichen Holzbrett, auf dem Sie die Balance halten müssen.

Der Hüftwippshimmy

Wiederholen Sie für den Hüftwippshimmy zunächst das Hüftwippen (siehe Seite 51f.).

1] Gehen Sie in die Grundstellung, und beugen Sie Ihre Knie. Wippen Sie dann abwechselnd kräftig mit der rechten und der linken Hüfte, bis die jeweiligen Knie völlig durchgedrückt sind.

2] Beugen Sie während des Wippens immer wieder Ihre Knie, und drücken Sie sie wieder durch. Die Füße stehen flach auf dem Boden.

3] Versuchen Sie, mit der Hüfte so schnell zu wippen, dass ein Vibrieren und Zittern der Hüften entsteht.

Tipp: Verstärken Sie das Zittern und Vibrieren der Hüften durch ein reichlich mit Perlen und Pailletten besticktes Tuch oder einen Bauchtanzgürtel.

Der Dreiviertelshimmy

Für diesen Shimmy wiederholen Sie zunächst das Hüftschieben (siehe Seite 48f.).

1] Gehen Sie in die Grundstellung. Schieben Sie dann Ihre Hufte auf die rechte Seite, und ziehen Sie sie hoch, bis der rechte Fuß durchgedrückt auf dem Ballen steht.

2] Ziehen Sie Ihre Hüfte nach innen, und lassen Sie sie dann wieder nach unten los.

3] Sobald Ihre rechte Hüfte unten angelangt ist, schieben Sie die linke Hüfte nach außen, heben sie an und ziehen sie anschließend wieder nach innen.

4] Versuchen Sie, diese Bewegung immer schneller auszuführen, bis ein Vibrieren der Hüften deutlich erkennbar ist.

Vorstellungsbild

Sie malen mit Ihren Hüften eine stehende Schleife in die Luft.

Tipps für Anfänger

- Der Oberkörper sollte bei dieser Bewegung möglichst ruhig gehalten werden.
- Achten Sie darauf, dass Sie Ihre Hüften nicht nach vorn drehen oder gar einen Hüftschwung machen.

Der Dreiviertelshimmy lässt sich gut beim Gehen einsetzen, indem Sie einen kleinen Schritt nach vorn setzen, wenn Sie die Hüfte nach innen ziehen.

Brustkorbbewegungen

Sobald Sie Arme, Hände und Hüften isoliert bewegen und mit ihnen eindrucksvolle Bauchtanzbewegungen vollbringen können, widmen wir uns nun den anderen Körperteilen – dem Oberkörper, den Schultern und dem Kopf. Auch diese lassen viele Bewegungsmöglichkeiten zu. Konzentrieren wir uns also zunächst auf die isolierten Bewegungen des Brustkorbs, die als Akzente in den Tanz integriert werden.

Das Brustkorbschieben

Die Isolationsübungen des Brustkorbs sind nicht ganz einfach. Achten Sie darauf, dass Sie nicht den gesamten Oberkörper mitbewegen.

Bei dieser Übung versuchen Sie, den Brustkorb nach vorn und hinten, nach links und rechts zu bewegen.

1] Zunächst nehmen Sie die Grundstellung (siehe Seite 26) ein. Dann atmen Sie tief ein und heben gleichzeitig Ihren Brustkorb nach oben. Abschließend schieben Sie ihn ein Stück nach vorn.

2] Gehen Sie jetzt wieder zur Mitte und zur Ausgangsstellung zurück, atmen Sie aus, und lassen Sie dabei den Brustkorb nach hinten sinken. Doch Vorsicht: Machen Sie keinen krummen Rücken, und halten Sie die Schultern ruhig.

Der Brustkorb wird nach vorn und oben geschoben (links). Dann sinkt er nach hinten, ohne dass ein krummer Rücken entsteht (rechts).

3] Gehen Sie wieder in die Ausgangsstellung zurück, und atmen Sie dabei ruhig weiter.

4] Dann atmen Sie wieder tief ein, heben den Brustkorb hoch und schieben ihn langsam nach links. Atmen Sie wieder aus, und gehen Sie zurück zur Mitte.

5] Holen Sie erneut tief Luft, und schieben Sie nun den Brustkorb langsam nach rechts.

6] Diese Bewegungen können Sie im Alltag immer wieder üben. Sie beugen damit Verspannungen vor bzw. lockern vorhandene Verspannungen. Außerdem intensivieren Sie mit diesen Brustkorbbewegungen Ihre Atmung.

Vorstellungsbild

Um den Brustkorb möglichst isoliert zu bewegen, stellen Sie sich vor, er wäre frei zwischen Kopf und Bauch aufgehängt.

Tipps für Anfänger

- Achten Sie darauf, dass Schultern und Hüften ganz ruhig bleiben.
- Nicht schummeln! Wenn Sie sich nur nach vorn oder zur Seite lehnen, bewegen Sie Ihren Oberkörper, nicht aber Ihren Brustkorb.
- Falls es Ihnen am Anfang schwerfällt, die Bewegungen aus dem Brustkorb heraus zu steuern, halten Sie Ihre Schultern mit den Händen fest.

Brustkorbschieben üben Sie am besten zu den Musikstücken Nr. 2, 4, 6, 8, 10 auf der CD.

Auch wenn es auf den Fotos so erscheinen mag – nicht die Hüfte, sondern nur der Brustkorb wird geschoben.

Aus der Grundstellung heraus wird der Brustkorb nach links (links) und nach rechts (rechts) geschoben. Am besten legen Sie die Hände auf die Hüften und kontrollieren so, dass diese sich nicht bewegen.

Das Brustkorbkreisen

Üben Sie Brustkorbkreisen und Brustkorbwelle zu den Musikstücken Nr. 2, 4, 6, 8, 10 auf der CD.

Bei dieser Übung verbinden Sie das Brustkorbschieben (siehe die Fotos auf Seite 68f.) mit den vier Punkten, um die Sie Ihren Brustkorb kreisen lassen: nach links, vorn, rechts, hinten.

1] Schieben Sie Ihren Brustkorb nach links, atmen Sie ein, kreisen Sie nach vorn, und heben Sie Ihren Brustkorb nach oben.

2] Schieben Sie dann weiter nach rechts, atmen Sie aus und sinken Sie mit Ihrem Brustkorb nach hinten.

3] Wiederholen Sie das Kreisen des Brustkorbs so lange, bis sich eine fließende Bewegung einstellt.

Tipps für Anfänger

- Auch bei dieser Übung kann es hilfreich sein, die Schulterblätter mit den Händen zu umfassen, um die Schultern ruhig zu halten.
- Wenn nicht die Schultern, sondern die Hüften das Problem sind: Stützen Sie Ihre Hände in die Hüften, damit diese nicht mitkreisen.
- Nicht die Luft anhalten! Vor allem am Anfang hilft die bewusste Atmung, die Bewegungen richtig auszuführen.

Die Brustkorbwelle

Sollten Sie die Übungen noch nicht richtig beherrschen, haben Sie Geduld. Unser Oberkörper ist oft verspannt und unbeweglich. Durch beharrliches Üben lässt sich das ändern.

Sobald Sie mit dem Kreisen des Brustkorbs einen horizontalen Kreis um Ihre Körperachse machen können, lernen Sie jetzt das vertikale Kreisen mit Ihrem Oberkörper. Die Brustkorbwelle sollten Sie gut üben und mühelos beherrschen, denn sie ist neben der Beckenkippe (siehe Seite 64f.) eine Vorübung für den Kamelgang (siehe Seite 80f.).

1] Nehmen Sie die Grundstellung ein, schieben Sie Ihren Brustkorb nach vorn, atmen Sie dabei ein und heben SIe ihn dann möglichst hoch.

2] Schieben Sie Ihren Brustkorb anschließend nach hinten, so dass er nach hinten einsinkt und sich der Rücken etwas wölbt. Atmen Sie dabei langsam aus.

3] Während des Ausatmens senken Sie Ihren Brustkorb wieder – bis Sie in der Ausgangsstellung sind.

Tipps für Anfänger

- Die Schultern werden nicht mit angehoben, wenn Sie Ihren Brustkorb nach oben heben.
- Stützen Sie Ihre Hände in die Hüften, damit das Becken ruhig bleibt.
- Auch bei dieser Übung ist richtiges Atmen sehr hilfreich. Es betont außerdem den »Brust-raus-Bauch-rein«-Effekt.

Vorstellungsbild

Nehmen Sie die Haltung »Brust raus, Bauch rein« wörtlich. Genau so sieht diese Übung aus.

Bei der Brustkorbwelle wird der Brustkorb nach vorn oben gehoben (links) und dann – anders als beim Brustkorbschieben – so weit nach hinten gedrückt, dass ein »Katzenbuckel« entsteht (rechts).

Schulterbewegungen

Beim Bauchtanz lassen sich aparte Akzente mit den Schultern setzen. Bewegungen, wie das Twisten mit den Schultern oder der Schultershimmy, lassen sich reizvoll in den Tanz einbauen.

Das Schultertwisten

Üben Sie Schultertwisten und Schultershimmy zu den Musikstücken Nr. 2, 3, 5, 6, 11 auf der CD.

1] Strecken Sie Ihre Arme seitlich in Schulterhöhe aus. Die Hände sind in der Grundhaltung (siehe Seite 34).

2] Führen Sie Ihre rechte Schulter nach vorn, gehen Sie wieder in die Ausgangsstellung zurück, und schieben Sie sie dann erneut nach vorn.

3] Bewegen Sie Ihre rechte Schulter jetzt nach hinten, gehen Sie zurück in die Ausgangsstellung, und drücken Sie sie wieder kurz nach hinten.

4] Jetzt ist die linke Schulter dran: zuerst zweimal nach vorn twisten, dann nach hinten.

5] Versuchen Sie auch das wechselseitige Twisten: Ziehen Sie Ihre rechte Schulter zweimal nach vorn, die linke Schulter zweimal nach hinten.

6] Eine reizvolle Wirkung erzielen Sie, wenn Sie die jeweils twistende Schulter mit Ihrem Blick begleiten.

7] Das Schultertwisten ist sowohl eine eigenständige Bauchtanzbewegung, die Sie zum Takt der Trommel einsetzen können, als auch eine gute Isolationsübung für den Schultershimmy.

Vorstellungsbild

Sie drehen Ihre Schultern so nach vorn und hinten, als ob sie von einer Schnur gezogen werden würden.

Tipps für Anfänger

- Versuchen Sie, Ihren Oberkörper möglichst ruhig zu halten und nur die Schultern zu bewegen.
- Achten Sie auf eine anmutige Körperhaltung. Stellen Sie z. B. das rechte Bein auf den Zehenspitzen vor sich auf, wenn Sie mit der rechten Schulter twisten, und wechseln Sie zum linken Bein über, wenn Sie links twisten.

Der Schultershimmy

1] Breiten Sie Ihre Arme in der Grundhaltung seitlich aus. Auch die Hände befinden sich in der Grundhaltung (siehe Seite 34 und 38).

2] Drehen Sie nun Ihre rechte Schulter nach vorn, die linke nach hinten, dann die linke nach vorn und die rechte nach hinten. Werden Sie dabei allmählich schneller.

3] Im Folgenden machen Sie immer kürzere, kleinere und schnellere Bewegungen, bis Ihre Schultern zu vibrieren beginnen.

Vorstellungsbild

Sie zucken so mit Ihren Schultern, als ob Sie damit etwas wegstoßen möchten.

Tipps für Anfänger

- Halten Sie Ihren Körper leicht angespannt und vor allem ruhig – es werden nur die Schultern bewegt.
- Schütteln Sie nicht Ihren Busen von rechts nach links! Der gesamte Brustkorb wird nur passiv mitbewegt.

Spielen Sie mit dieser Bewegung: Laufen Sie umher, während Sie mit den Schultern vibrieren. Betonen Sie dabei die eine oder andere Seite mehr bzw. weniger, und neigen Sie Ihren Oberkörper nach hinten.

Twist der Schultern: Hier wird die linke Schulter nach vorn getwistet; die rechte geht nach hinten.

Kopfbewegungen

Zu guter Letzt sind wir beim Kopf angelangt, der in arabischen Tänzen eine ebenso wichtige Rolle spielt wie alle anderen Körperteile. Denn die weichen, fließenden Bewegungen eines würdevoll getragenen Kopfes, verbunden mit einem strahlenden Gesichtsausdruck, vermitteln Harmonie und Freude am Tanz.

Das Kopfgleiten

Üben Sie das Kopfgleiten und -kreisen zu den Musikstücken Nr. 2, 6, 8, 10 auf der CD.

1] Halten Sie den Kopf gerade auf dem aufgerichteten Hals. Der Blick ist nach vorn gerichtet und – bitte lächeln Sie!

2] Die Hände halten Sie entweder gefaltet nach oben, übereinander gelegt etwas unter dem Kinn, oder Sie strecken die Arme nach oben, legen die Handflächen aneinander und halten sie über dem Kopf.

3] Schieben Sie nun den Kopf zur rechten Seite, dann zur linken Seite. Wenn Sie die Arme über dem Kopf gekreuzt haben, versuchen Sie, die Arme möglichst nah zu den Ohren zu bringen.

Etwas ungewohnt: Beim Kopfgleiten wird nur der Kopf nach links und rechts bewegt; der Hals und die Schultern bleiben möglichst ruhig.

Tipps für Anfänger

- Trainieren Sie eine erhabene Kopfhaltung, indem Sie Gegenstände (anfangs vielleicht nur ein Kissen) auf Ihrem Kopf umhertragen.
- Bitte schummeln Sie nicht, indem Sie den Kopf auf die jeweilige Seite drehen oder neigen! Der Kopf bleibt ganz gerade und wird durch die Nackenmuskulatur nach rechts und links geschoben.

Vorstellungsbild

Sie zeichnen mit Ihrem Kinn einen geraden Strich nach rechts und links.

Wenn Sie Nackenbeschwerden haben, ist das Kopfgleiten eine ausgezeichnete Übung, um Verspannungen zu lösen und die Muskulatur zu kräftigen.

Das Kopfkreisen

Wenn Sie das Kopfgleiten beherrschen, können Sie zum Kopfkreisen übergehen.

1] Halten Sie den Kopf gerade auf dem aufgerichteten Hals. Der Blick ist nach vorn gerichtet.

2] Verbinden Sie beim Kopfkreisen, ebenso wie beim Brustkorbkreisen, die vier Punkte miteinander, um die Sie den Kopf kreisen lassen.

3] Beginnen Sie, den Kopf nach rechts, nach vorn, nach links und nach hinten zu schieben.

4] Versuchen Sie, dieses Schieben in eine fließende Bewegung übergehen zu lassen – nicht zu schnell, aber auch nicht zu langsam. Es sollte vor allem nicht abgehackt wirken.

5] Den größten Effekt erzielen Sie, wenn Sie die Arme wie beim Kopfgleiten nach oben gehalten.

Vorstellungsbild

Stellen Sie sich vor, Ihr Kopf wäre an einem seidenen Faden im Himmel aufgehängt. Lassen Sie den Kopf in alle Richtungen kreisen, als ob er von oben mittels eines Fadens (oder eines Stabs) gesteuert werden würde.

Tipps für Anfänger

- Die Schultern und der Oberkörper bleiben ganz ruhig und werden nicht mitbewegt. Und denken Sie daran, dass der Kopf immer im Lot bleibt.
- Kopfbewegungen sollen neckisch wirken – setzen Sie also ruhig einen koketten Gesichtsausdruck auf, und lächeln Sie!

Sie können sich auch vorstellen, Ihr Kopf wäre ein Lampion, der an einem Stab aufgehängt ist. Durch das Kreisen des Stabs dreht sich der Lampion in alle Richtungen.

Schritte und Drehungen

Üben Sie den Arabischen Grundschritt und den Kreuzschritt zu den Musikstücken Nr. 2, 4, 6, 7 auf der CD.

Temperamentvolle Folgen von Schritten und Drehungen gehören ebenso zu diesem Tanz wie reizvolle Einzelbewegungen auf der Stelle. Meistens werden solche Schrittfolgen und Drehungen so unvermittelt in den Tanz eingebaut, dass das Publikum davon nicht nur überrascht, sondern völlig fasziniert ist.

Der Arabische Grundschritt

Seite	Schritt	Schlag
re	vor	1
li	hoch/ab	2
re	zurück	3
li	hoch/ab	4
li	vor	1
re	hoch/ab	2
li	zurück	3
re	hoch/ab	4

Seitenwechsel bei Schlag 4: Machen Sie eine Pause, indem Sie rechts einen Hüftschwung machen.

Der Arabische Grundschritt wird beim Tanzen häufig eingesetzt und kann mit vielen Schritten kombiniert werden. Es ist ein einfacher Vor-Rück-Schritt.

1] Nehmen Sie die Grundstellung (siehe Seite 26) ein. Bei dieser Übung können Sie die Knie eher durchdrücken.

2] Machen Sie mit dem rechten Bein einen Schritt nach vorn; das Gewicht verlagert sich nach vorn.

3] Heben Sie dabei den linken, hinteren Fuß kurz an, und setzen Sie ihn an der gleichen Stelle wieder ab.

4] Verlagern Sie Ihr Gewicht wieder nach hinten links, und machen Sie dann mit dem rechten Bein einen Schritt nach hinten.

5] Heben Sie den linken Fuß, der sich jetzt vorn befindet, kurz an, und setzen Sie ihn an der gleichen Stelle wieder ab.

6] Es folgen erneut ein Schritt mit dem rechten Bein nach vorn, das Anheben und Absetzen des linken Fußes an der gleichen Stelle usw.

7] Üben Sie diesen Grundschritt, indem Sie nun mit dem linken Bein beginnen.

8] Der Arabische Grundschritt kann mit flach aufgesetzten Füßen oder mit dem Gewicht auf den Fußballen ausgeführt werden.

9] Ihre Arme befinden sich entweder in der Grundhaltung oder in der Hüft-Armhaltung. Wenn Sie den Schritt beherrschen, können Sie beide Arme auf die Seite bringen, auf der das Bein nach vorn gestellt wird. Die Hände werden dabei in der klassischen Grundhaltung gehalten.

Der Kreuzschritt

1] Nehmen Sie die Grundstellung ein. Heben Sie dann den rechten Fuß leicht an, und führen Sie das rechte Bein nach vorn links. Sie überkreuzen so Ihren linken Fuß und setzen dann den rechten Fuß ganz auf dem Boden auf. Das Gewicht liegt auf dem rechten Fuß.

2] Heben Sie anschließend den linken, hinteren Fuß leicht an, und führen Sie das linke Bein zur Seite. Sie tippen mit dem linken Fuß seitlich kurz auf dem Boden auf.

3] Jetzt überkreuzt das linke Bein den rechten Fuß und wird nach vorn rechts geführt. Der linke Fuß setzt auf, während sich der rechte Fuß hebt und seitlich neben dem linken Fuß auf den Boden tippt usw.

4] Nachdem Sie das Überkreuzen nach vorn geübt haben, sollten Sie das Überkreuzen der Füße nach hinten ausprobieren.

5] Halten Sie Ihre Arme anfangs in der Grundhaltung; ist der Kreuzschritt gut eingeübt, kreuzen Sie – während des Überkreuzens der Beine – die Arme in Brusthöhe. Führen Sie dabei die Arme aus der Grundhaltung heraus zu Ihrem Oberkörper.

Seite	Schritt	Schlag
re	kreuz/ab	1
li	hoch/tipp	2
li	kreuz/ab	3
re	hoch/tipp	4
re	kreuz/ab	5
li	hoch/tipp	6
li	kreuz/ab	7
re	hoch/tipp	8

Beim Kreuzschritt wird jeweils ein Fuß überkreuzt (links). Vor dem Beinwechsel erfolgt immer ein seitliches Auftippen – das kann mit dem ganzen Fuß oder auch mit dem Ballen bzw. den Zehen ausgeführt werden (rechts).

Der Twistschritt

Twisten Sie am besten zu den Musikstücken Nr. 1, 2, 4, 6, 7, 11 auf der CD.

Seite	Schritt	Schlag
re	vor	1
li	hoch/ab	2
re	zurück	3
li	hoch/ab	4
li	vor	1
re	hoch/ab	2
li	zurück	3
re	hoch/ab	4

Üben Sie für diesen Schritt nochmals das Hüftdrehen (siehe Seite 50f.).

1] Gehen Sie in die Grundstellung. Die Arme befinden sich in der Grundhaltung.

2] Verlagern Sie Ihr Gewicht abwechselnd auf den rechten und auf den linken Fuß, indem Sie kleine Schritte am Platz machen. Der unbelastete Fuß steht dabei auf dem Ballen oder wird leicht angehoben.

3] Beginnen Sie jetzt, die Hüfte langsam mitzudrehen. Wird der rechte Fuß aufgesetzt, dreht sich die rechte Hüfte nach vorn; bei Belastung des linken Fußes wird die linke Hüfte nach vorn gedreht usw.

4] Beginnen Sie nun, sich twistend vorwärtszubewegen. Gehen Sie vier Schritte auf den Fußballen: rechts – rechte Hüfte vor, links – linke Hüfte vor usw., dann erfolgt der Wechsel auf links. Oder Sie bewegen sich mit dem Twistschritt nach rechts und links: Bewegen Sie sich zur rechten Seite, wenn Sie mit der rechten Hüfte twisten, oder zur linken Seite, wenn Sie die linke Hüfte drehen.

Der Hüftschwungschritt oder Hüftsenkschritt

Seite	Hüfte	Schlag
re	hoch/ab	1
re	Schritt	2
li	hoch/ab	3
li	Schritt	4
re	hoch/ab	5
re	Schritt	6
li	hoch/ab	7
li	Schritt	8

Je nach Rhythmus können Sie bei Schlag 2 einen Seitenwechsel machen, also zweimal rechts, zweimal links gehen.

Wiederholen Sie für diesen Schritt, der auch Hipliftschritt bzw. Hipdropschritt heißt, das Heben und Senken der Hüfte (siehe Seite 60f.).

1] Nehmen Sie die Grundstellung ein, und verlagern Sie dann Ihr Körpergewicht auf den linken Fuß.

2] Heben Sie mit Schwung die rechte Hüfte nach oben, und machen Sie mit dem rechten Bein einen Schritt vorwärts, wobei Sie den rechten Fußballen aufsetzen.

3] Gehen Sie mit der Hüfte wieder zurück in die Ausgangsstellung, und setzen Sie den rechten Fuß ganz auf dem Boden auf.

4] Nun machen Sie links einen Schritt vorwärts und setzen den Fuß mit dem linken Fußballen auf, während die linke Hüfte nach oben schwingt.

5] Mit wechselseitigem Hipliftschritt gehen Sie nun schwungvoll durch den Raum.

6] Eine schöne Armhaltung ist die Hoch-Hüft-Armhaltung, mit dem erhobenen Arm auf der Seite, auf der die Hüfte geschwenkt wird.

7] Der Hüftschwungschritt kann in gleicher Reihenfolge mit dem Senken der Hüfte (Hipdrop) ausgeführt werden.

Beim Hüftschwungschritt schwingt die Hüfte nach oben (links); beim Hüftsenkschritt wird sie im Schreiten »fallen gelassen« (rechts).

Der Hüftshimmy im Gehen

Diese Schrittübung ist nicht ganz einfach und erfordert sehr viel Training. Machen Sie weiter, auch wenn es am Anfang etwas schwierig ist. Wiederholen Sie zunächst den einfachen Hüftshimmy (siehe Seite 65f.).

1] Nehmen Sie die Grundstellung ein, und verlagern Sie Ihr Gewicht auf den linken Fuß.

2] Beginnen Sie, mit der Hüfte schnell hin und her zu pendeln. Verlagern Sie Ihren Körper langsam auf die rechte Seite, bis Ihr Körpergewicht auf dem rechten Fuß liegt.

3] Versuchen Sie, während das Körpergewicht auf dem rechten Fuß liegt, einen Schritt mit dem linken Fuß nach vorn zu machen. Vergessen Sie dabei den Hüftshimmy nicht!

4] Verlagern Sie Ihr Gewicht nun wieder auf die andere Seite, und machen Sie einen Schritt mit dem rechten Fuß nach vorn usw.

Den Hüftshimmy im Gehen und den Hüftschwungschritt üben Sie zu den Musikstücken Nr. 2, 3, 5, 6, 7, 10, 11 auf der CD.

Seite	Schritt	Schlag
re	vor	1
re	vor	2
re	vor	3
re	vor	4
li	vor	5
li	vor	6
li	vor	7
li	vor	8

Der Kamelgang

Seite	Schritt	Schlag
re	vor	1
li	vor	2
re	vor	3
li	vor	4

Bevor Sie losschreiten, sollten Sie die Beckenkippe (siehe Seite 64f.) und die Brustkorbwelle (siehe Seite 70f.) wiederholen. Diese beiden Bewegungen werden beim Kamelgang miteinander verbunden.

1] Gehen Sie in die Grundstellung, und stellen Sie dabei das rechte Bein nach vorn aus. Sie üben den Kamelgang zunächst im Stehen.

2] Schieben Sie den Brustkorb nach vorn, atmen Sie tief ein, und heben Sie ihn dabei hoch. Das Becken wird gleichzeitig nach hinten gedrückt, so dass ein Hohlkreuz entsteht. Der rechte Fuß steht jetzt angewinkelt auf der Ferse.

3] Drücken Sie den Brustkorb langsam nach hinten, und lassen Sie die Bewegung nach unten zum Becken wandern. Gehen Sie dabei leicht in die Knie, und schieben Sie das Becken nach vorn.

4] Wie eine Woge zieht die Spannung nun wieder nach oben in Ihren Oberkörper, den Sie aufrichten, während Sie tief einatmen. Das Becken bewegen Sie langsam nach hinten, indem Sie auch das rechte Bein durchdrücken und für die nächste Bewegung den linken Fuß ausstellen.

Die Phasen des Kamelgangs: Beim Schritt nach vorn hebt sich der Brustkorb, und es entsteht ein Hohlkreuz (links). Beim Abrollen des rechten Fußes wird das Becken nach vorn gekippt, der Brustkorb nach hinten geschoben. Der linke Fuß ist auf dem Ballen und setzt zum Schritt nach vorn an (links).

5] Wenn Sie den Kamelgang im Stehen eingeübt haben, versuchen Sie, in diesem Gang zu gehen: Heben Sie dazu das rechte Bein hoch, atmen Sie ein, und machen Sie einen Schritt nach vorn, sobald sich Ihr Brustkorb in der aufgerichteten Position befindet. Setzen Sie den Fuß auf der Ferse auf.

6] Rollen Sie dann den Fuß ab, kippen Sie das Becken nach vorn, und gehen Sie mit dem linken Fuß vorwärts, sobald Sie den Brustkorb für die nächste Welle aufrichten.

7] Versuchen Sie, so im Takt der Musik wogenden Schrittes wie ein Kamel zuerst nach Ihrer Lieblingsseite hin zu gehen, dann auch zur anderen Seite.

8] Bewegen Sie die Arme mit nach vorn gerichteter Armwelle (siehe Seite 44f.), oder machen Sie Klassische Arme. Erscheint Ihnen dies am Anfang zu schwierig, nehmen Sie die Hüft-Armhaltung ein.

Tipp für Anfänger

Da der Kamelgang die Wirbelsäule ziemlich belastet, sollten Sie am Anfang nicht zu intensiv und zu lange üben. Machen Sie nach dem Training Lockerungsübungen.

Üben Sie den Kamelgang am besten zu den Musikstücken Nr. 1, 4, 5, 6, 8, 10 auf der CD.

Sie ziehen nun das linke Bein nach vorn; der Rücken ist aufrecht (links). Mit dem zweiten Schritt nach vorn schieben Sie den Brustkorb wieder nach oben (rechts).

Die Acht-, Vier- und Zweischrittdrehungen

Für alle Drehungen sind die Musikstücke Nr. 1, 4, 6, 7, 9 auf der CD geeignet.

1] Gehen Sie in die Grundstellung, und wippen Sie locker in den Beinen bei gebeugten Knien. Arme und Hände sind in der Grundhaltung.

2] Wenn Sie mit einer Drehung nach rechts beginnen möchten, ist das rechte Bein das Standbein, das linke Bein Ihr Spielbein. Ihr Körpergewicht liegt also auf dem rechten Fußballen, mit dem linken Fußballen bewegen Sie sich um diese Achse.

3] Beginnen Sie nun – mit acht Schritten – sich einmal um sich selbst zu drehen. Sie kommen dabei achtmal mit dem linken Bein auf dem Boden auf, bis Sie wieder in der Ausgangsposition sind.

4] Wenn Sie die Achtschrittdrehung beherrschen, versuchen Sie es anschließend mit vier und schließlich mit zwei Schritten. Dann üben Sie die Drehungen auch in die andere Richtung.

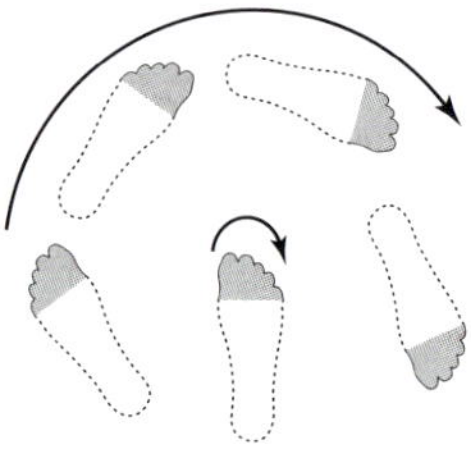

Halbkreis der Achtschrittdrehung.

Tipp für Drehungen

Falls Ihnen bei den Drehungen schwindlig wird, suchen Sie sich einen festen Punkt in Augenhöhe und fixieren Sie diesen.

Die Dreischrittdrehung in vier Phasen: Sie machen einen Schritt mit dem rechten Bein (links) und beschreiben dann eine Halbkreisdrehung, so dass Sie nach hinten schauen. Aus dieser Position heraus beginnen Sie sich wieder nach vorn zu drehen (rechts).

Die Dreischrittdrehung

1] Nehmen Sie die Grundstellung ein. Die Knie sind, wie immer, leicht gebeugt. Bei dieser Drehung dreht man sich nicht um eine Achse, sondern es werden Schritte auf einer geraden Linie nach rechts bzw. nach links ausgeführt.

2] Beginnen Sie mit dem rechten Bein: Machen Sie einen Schritt nach rechts, und setzen Sie den Fußballen auf.

3] Nun machen Sie die erste Drehung zur rechten Seite hin (Halbkreis), so dass Sie nach hinten schauen. Drehen Sie sich dann weiter, so dass Sie wieder nach vorn schauen und auf dem rechten Fuß aufkommen.

4] Der linke Fuß schwebt nun frei. Tippen Sie kurz mit den Zehen auf dem Boden auf, und beginnen Sie die Drehung zur linken Seite mit einem Schritt nach links.

5] Die Arme befinden sich während dieser Schrittkombination ausgebreitet in der Grundhaltung.

6] Schließen Sie eine Dreischrittdrehung am besten mit einem kecken Hüftschwung zur Seite (siehe Seite 61f.) ab.

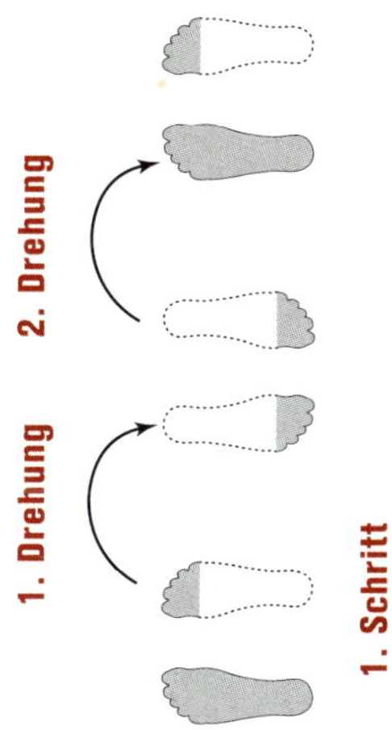

Dreischrittdrehung nach rechts.

Von der Position nach hinten drehen Sie sich nach vorn (links). Wieder vorn angekommen, tippen Sie mit dem linken Fuß einmal auf (rechts), bevor Sie wieder in der Grundstellung sind.

Raqs Sharqi – Tanzen zur Musik

Haben Sie Ihre Vorliebe für den Bauchtanz während eines Urlaubs in einem arabischen Land entdeckt? Oder neulich in einer türkischen Kneipe während einer mitreißenden Bauchtanzvorführung? Oder ging Ihnen die Musik eines Raqs Sharqi ins Blut? Wie auch immer: Orientalische Musik und Orientalischer Tanz sind untrennbar miteinander verbunden.

Kein Tanz ohne Musik

Wer sich mit Bauchtanz auseinandersetzen möchte, muss sich mit orientalischer Musik beschäftigen. Auch wenn diese zunächst fremd und gewöhnungsbedürftig klingen mag – bei näherem Hinhören bemerkt man, wie vielschichtig und interessant sie ist.

Auf den nächsten Seiten lesen Sie, welche Musikinstrumente ein arabisches Ensemble spielt und wie diese Instrumente tänzerisch interpretiert werden können. Sie erfahren einiges über Rhythmen und Tonsysteme sowie über gesungene Gedichte, z. B. den Maqamat oder Muwaschah.

Darüber hinaus werden in diesem Kapitel einige Variations- und Kombinationsmöglichkeiten der bereits im Grundkurs erlernten Bewegungen besprochen. Diese könnten natürlich endlos variiert werden, doch auch hier soll Ihrem eigenen Stil für das Zusammenfügen von Tanzfiguren nicht vorgegriffen werden. Achten Sie jedoch darauf, dass Sie bei Ihrer Choreografie eines Tanzstücks fließende Übergänge schaffen, indem Sie Bewegungen einer »Familie« zusammenfügen.

Wenn Sie die liegende Hüftacht ausführen, werden Sie nicht unmittelbar einen Schultershimmy, sondern z. B. den großen Hüftkreis anschließen. Aus dem Hüftkreis können Sie dann zu den rhythmischeren Bewegungen mit der Hüfte, z. B. den Hiplifts und Hipdrops, den Hüftschwüngen usw., überleiten. Darauf wurde bereits im Übungsteil geachtet. Haben Sie sich also eine Tanzkombination zusammengestellt, dann schaffen Sie fließende Übergänge, indem Sie ruhige und weiche Bewegungen, schwungvolle und rhythmische Figuren sowie lebhafte und ekstatische Bewegungen miteinander verbinden. Selbstverständlich müssen diese Bewegungen auch zum Rhythmus der Musik passen.

Eine nicht ganz einfache, aber mit dem Tanz eng verbundene rhythmische Begleitung ist das Zimbelspiel. Hier ist die Tänzerin gefragt, die Tanzbewegungen mit dem Rhythmus und der Melodie der Musik zu verbinden und mit den Zimbeln zu begleiten. Sie erhalten einen kurzen Einblick, wie Zimbeln beim Tanz eingesetzt werden können.

Zum Schluss wird eine Choreografie vorgestellt, die aus den Bauchtanzfiguren des Grundkurses zusammengestellt ist.

Das Kapitel »Grundkurs Bauchtanz« ist so aufgebaut, dass die Bauchtanzfiguren einer »Familie« – von den Hüftbewegungen zu den Kopfbewegungen – nach Schwierigkeitsgrad gestaffelt sind. Lediglich die Arm- und Handbewegungen, die bei den Bewegungen des Brustkorbs, der Schultern und des Kopfs stehen könnten, werden bereits am Anfang behandelt. Dies soll das Erlernen der Isolationstechniken von Armen und Händen erleichtern.

Besonderheiten der arabischen Musik

In der klassischen arabischen Musik werden zwar Saiteninstrumente eingesetzt, aber kein dominierendes Streichinstrument. Auch ein großes Orchester ist unbekannt. Musik wird von kleinen Ensembles, gekennzeichnet durch Einlagen von Solisten, gemacht.

Man unterscheidet zwischen dem ägyptischen und dem türkischen Tanzstil. Die türkische Musik ist durch einfachere Rhythmen geprägt, die sich auch im Tanz durch Leichtigkeit und Dynamik widerspiegeln. Die ägyptische Musik ist um einiges komplexer und unterliegt einem ständigen Wechsel von Rhythmen und Stimmungen. Die für uns zunächst fremd klingende Melodik, die sich durch die Aufteilung in Vierteltöne ergibt, zeigt sich auch im Tanz. Seine Auflösung ist vielfältiger und erfordert mehr Präzision und ästhetisches Empfinden.

Kleine Geschichte der arabischen Musik

Die arabische Musik stammt aus dem Nahen Osten und der Region von Nordafrika bis in den Irak. Hiervon zu trennen sind lediglich die Türken und Perser, die eine eigene Musiktradition haben. Die musikalische Kultur der arabischen Welt reicht zurück bis ins 7. Jahrhundert und erlebte bis zur Eroberung von Bagdads durch die Mongolen im 13. Jahrhundert ihre Blütezeit. Viele namhafte Musiker zog es damals in die heutige Hauptstadt des Irak. Dort wurden sie von Herrschern, die der arabischen Musik sehr zugetan waren, gefördert. Bereits in vorislamischer Zeit gab es diese Musikform. In ihr spiegelt sich sowohl das kulturelle Gut der persischen Sassaniden-Dynastien aus der Zeit zwischen 226 bis 641 als auch die musikalische Tradition von Byzanz zwischen dem 4. und 6. Jahrhundert. Mit anderen Worten: Die arabische Musik ist die gelungene Synthese verschiedener Stile. Von großem Einfluss war dabei die vertonte Dichtung, die sich noch vor der Ausbreitung des Islams auf der Arabischen Halbinsel entwickelte (siehe auch Seite 89f.).

Die Instrumente

Während Bauchtänzerinnen in früheren Zeiten lediglich ihre Fingerzimbeln als musikalische Begleitung hatten, gibt es heutzutage neben den traditionellen Instrumenten eine Reihe von Percussioninstrumenten, die den Rhythmus vorgeben. Ein typisches arabisches Ensemble, das Takht, besteht aus den Instrumenten Nay, Oud, Daff, Riqq, Quanun, Mizmar, Kamandscha und Tabla.

- Der Nay ist eine aus Bambusrohr gearbeitete Flöte, die durch ihr Klangbild Einsamkeit und Sehnsucht auszudrücken vermag.
- Der Oud ist eine Laute, die aus dem arabischen Raum über Andalusien auch ins mittelalterliche Europa gelangte. Die vier Saiten, die

dieses Instrument ursprünglich hatte, stehen symbolisch für die vier Temperamente der Menschen. Die später hinzugefügte fünfte Saite spiegelt die Seele wider.

- Der Daff ist eine Rahmentrommel ohne Schellen. Das Instrument entspricht unserem Tamburin und wurde schon im alten Ägypten von Frauen zur Untermalung des Bauchtanzes gespielt.
- Der Riqq ist eine Schellentrommel, in deren Rahmen zehn Schellenpaare eingelassen sind.
- Der Quanun ist der Vorläufer der europäischen Zither. Das große, trapezförmige Instrument hat bis zu 72 Saiten und drückt mit seinen Klängen melancholische Stimmungen aus.
- Das Mizmar, auch Mizmar baladi genannt, ist ein Blasinstrument, das, wie der Zusatz »baladi« besagt, meist nur zu volkstümlichen Weisen gespielt wird.
- Die Kamandscha ist eine vierseitige Spießgeige, die dem Klangbild einer europäischen Geige entspricht. Wie der Oud fand dieses Instrument im Mittelalter über Andalusien seinen Weg nach Europa, wo sie als »Fiedel« bekannt wurde.
- Die Tabla, auch Darabukka genannt, ist eine Trommel, die aus Ton gefertigt wird. Das kelchförmige Instrument wird traditionell mit Fischhaut bespannt. Neben den Schellentrommeln gibt die Tabla den Rhythmus in einem Musikstück vor. Je nachdem, wie das Instrument gespielt wird, werden helle und tiefe Töne erzeugt. Wird in die Mitte der Trommel geschlagen, erzeugt man tiefe Töne (dum, dum). Schlägt man auf den Trommelrand, erklingen helle Töne (tak, tak).

Tänzerinnen benutzen Zimbeln und bisweilen auch eine Schellentrommel zum Tanzen. Hier erinnert der Bauchtanz an den Flamenco.

Der Taqsim erfolgt beim Bauchtanz nach dem dynamischen Anfangsteil und wird sehr langsam vorgetragen. Je nach Stimmung des Solisten und der Tänzerin ist er von gefühlvoller und äußerst melodischer Natur. Die Tänzerin kann in diesem Teil ihre Sinnlichkeit und Geschmeidigkeit zeigen.

Tänzerische Interpretation einzelner Musikinstrumente

Beim Bauchtanz sollte man einerseits die Tanztechniken beherrschen, andererseits jedoch auch den Rhythmus der Musik interpretieren und auf den Einsatz der Musikinstrumente reagieren können.

- Wird z. B. auf einer Tabla ein tiefer Ton (dum) erzeugt, macht die Tänzerin Hüftbewegungen nach unten. Bei einem hohen Ton (tak) bewegt sie die Hüfte nach oben. Auf einen »Dum-dum-tak«-Rhythmus können z. B. zwei Hipdrops mit einem Hiplift verbunden werden. Wird ein Trommelsolo zunehmend lebhafter und ekstatischer, gehen solche rhythmischen Hüftbewegungen in kräftige Hüftshimmys über.
- Der Klang der Kamandscha erinnert etwas an einen »Himmel voller Geigen«. Gefühlsbetonte Arm- und Handbewegungen sowie Bewegungen des Oberkörpers begleiten die Melodie dieses Instruments.
- Die Laute Oud fordert mit ihren Zupflauten die Tänzerin dazu heraus, akzentuierte Bewegungen mit den Schultern oder mit den Hüften zu vollführen. Die Figuren können auch unvermittelt wechseln.
- Ein langsames Flötensolo mit dem Nay fordert weiche, runde Bewegungen. Viele Showtänzerinnen nutzen ein solches Flötensolo, um den Bodentanz einzuleiten.

Der Rhythmus der Musik

Der Rhythmus eines Musikstücks ist definiert durch das Klangbild von repetitiven, akzentuierten Taktschlägen. In der arabischen Musik kann ein Rhythmenzyklus bis zu 48 Schläge beinhalten, der längste bekannte Zyklus besteht gar aus 176 Taktschlägen. Die wahre Kunst der musikalischen Interpretation beherrschen Musiker, die bekannte Stücke niemals gleich vortragen, sondern immer wieder variieren und auch improvisieren. Der Höhepunkt für einen Interpreten ist der Taqsim, eine Solovorstellung des Musikers auf dem Nay, dem Oud, der Kamandscha oder dem Quanun, die oft völlig improvisiert ist.

Auf den eigenen Rhythmus kommt es an

Haben Sie den Bauchtanz für sich entdeckt, werden Sie rasch feststellen, dass Sie nicht auf jedes beliebige Musikstück tanzen möchten oder können. Es hat nicht »Ihren« Rhythmus. In den arabischen Ländern gehören Musik und Rhythmus zu den alltäglichen Dingen des Lebens. Jeder, ob Mann oder Frau, weiß um seinen eigenen Rhythmus. Die einen ziehen schnellere Rhythmen zum Tanzen vor, die anderen gehen es eher langsamer an. Getanzt wird nur, wenn der persönliche Rhythmus passt. Professionelle Bauchtänzerinnen geben den Musikern ihren Rhythmus vor, sie dirigieren und koordinieren damit ihre Bewegungen. Im Lauf der Zeit werden auch Sie feststellen, welcher Rhythmus Ihnen am besten liegt. Von den über 100 Tanzhythmen, die es in der orientalischen Musik gibt, zählen die Folgenden zu den bekanntesten:

- 8/4: Masmoudi-Rhythmus
- 8/4: Chiftetelli-Rhythmus
- 4/4: Maqsoum-Rhythmus
- 4/4: Saaidi-Rhythmus
- 2/4: Malfuf-Rhythmus
- 3/4: Walzer-Rhythmus

Ein weiterer bekannter Rhythmus ist der Zaar-Rhythmus (2/4), der bereits im Mittelalter böse Geister vertreiben sollte.

Die Melodie des Nahen Ostens

Die Melodien der arabischen Musik sind nach dem Vierteltonsystem aufgebaut, was einer Aufteilung der Oktave in 24 Vierteltöne, so genannte Mikrointervalle, entspricht. Die Melodien werden aus Maqamats zusammengesetzt, die aus einer Vielzahl von Melodiezügen (rhythmischen Formeln) bestehen. Ein Maqam ist ein gesungenes Gedicht, das von einer Zither, einer Laute und einer Trommel begleitet wird. Es ist aus insgesamt fünf Gattungen aufgebaut, und der Vortrag des Sängers kann mehrere Stunden dauern.

Die Melodiezüge weisen im Vergleich zu unserer Musik eine große Vielfalt an Tönen und Tonschattierungen auf, die immer wieder neu variiert, nuanciert und verfeinert werden. Die Originalität unterliegt der Kreativität des Vortragenden. Neben den Maqamat existieren noch weitere musikalische Gattungen, die ebenso Sprache und Musik verknüpfen.

- Die Qasidah-Gattung, ein langes gesungenes Gedicht im klassischen arabischen Versmaß, hat religiöse, die Natur betreffende oder politische Themen zum Inhalt.
- Der Muwaschah ist ein gesungenes Gedicht andalusischen Ur-

Der Maqamat entwickelte sich im Mittelalter und ist der Kunstmusik zuzurechnen. Gleichzeitig entstand im arabischen Raum auch die religiöse Musik: Korangesänge, die Gebetsrufe des Muezzins sowie die Sufi- und Derwischmusik der Klöster.

Werden zu einem 8/4-Masmoudi-Rhythmus die Zimbeln geschlagen, ergibt sich in der Trommelsprache: dum, dum, Pause, tak, dum, Pause, tak, tak. In der Zimbelsprache: rechts, rechts, Pause, links, rechts, Pause, links, links. Und in der Bauchtanzsprache werden dazu die Hüften bewegt: rechts, rechts, Pause, links, rechts, Pause, links, links.

sprungs, der ähnlich wie der Maqam auf einer bestimmten rhythmischen Formel basiert, aber zusätzliche rhythmische Akzente durch eine Trommel erfährt.

- Das Layali ist ein vertontes Liebeslied, bei dem sich der Sänger selbst auf der Laute begleitet. Es ist eine reine Darstellung eines Maqams ohne zusätzliche rhythmische Formel.
- Die Nauba ist ebenfalls ein vertontes Gedicht, richtet sich jedoch nicht nach dem klassischen arabischen Versmaß; charakteristisch ist das abwechselnde Heben und Senken der Stimme des Sängers.

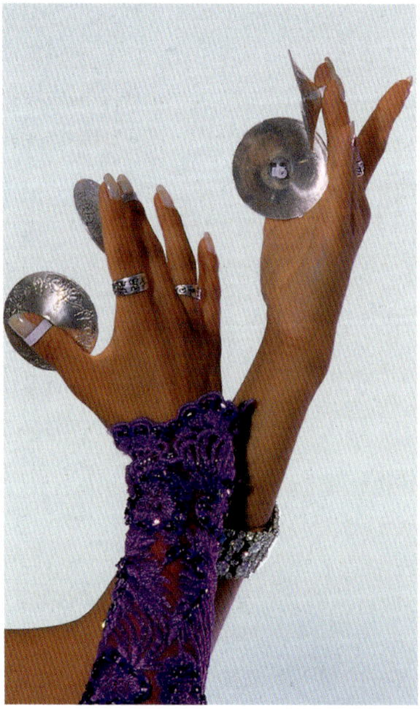

Schon im alten Ägypten und im antiken Griechenland benutzten Tänzerinnen hölzerne Klappern, und auch indische Tempeltänzerinnen verwendeten Fingerzimbeln und Glockenbänder, um zu deren Rhythmus zu tanzen.

Das Zimbelspiel

Fingerzimbeln, arabisch Sagat, türkisch Zills genannt, sind kleine Schellen aus Messing. Eine der beiden Schellen wird mittels einer Gummischlaufe am Daumen, die andere am Mittelfinger gehalten. Schlägt man aus einer gestreckten Fingerhaltung die Zimbeln an den Rändern aufeinander, erklingt ein heller, glockenähnlicher Ton. Erfolgt das Aufeinanderschlagen aus kurzer Distanz, ertönt ein tiefer Klang. Als noch keine Percussioninstrumente den Rhythmus bestimmten, gaben Bauchtänzerinnen mit Zimbeln den Takt vor.

Das Zimbelspiel folgt dem Rhythmus der Trommeln, also den Dum- und Tak-Schlägen. Der Takt folgt dem Dum-Schlag, und damit man ihn nicht so leicht verliert, schlägt man beim Dum der Trommel mit der rechten, beim Tak mit der linken Hand. Um die Zimbeln richtig einzusetzen, muss man sich in den Rhythmus einfühlen.

Tanzkombinationen & -variationen

Zurück zum »Grundkurs Bauchtanz«. Nun gilt es, die erlernten Bewegungen zu einem sinnvollen Ganzen zu verbinden. Nachdem Sie den Übungsteil durchgearbeitet haben, kennen Sie nun eine beträchtliche Anzahl von Bauchtanzfiguren, die Sie mit zahlreichen Armbewegungen kombinieren und fließend miteinander verbinden können. Ohne Ihre gestalterische Freiheit einschränken zu wollen, werden im Folgenden einige Variationsmöglichkeiten der erlernten Bewegungen vorgestellt. Eine kurze Anleitung für Kombinationen von Bewegungen soll Ihnen einerseits helfen, fließende Übergänge zu schaffen, und Ihnen andererseits Lust zu tanzen machen.

Variationsmöglichkeiten einiger Grundkurs-übungen

Die Variationen der Hüftbewegungen geben Ihrem Tanz mehr Ausdrucksstärke.

- Variieren Sie das Hüftschieben mit einem Schritt nach rechts oder links, je nachdem, welche Seite Sie bevorzugen: Sie gehen einen Schritt nach rechts, und schieben dabei die rechte Hüfte weit nach rechts; dann setzen Sie den linken Fuß neben den rechten. Gehen Sie einen Schritt nach links, und schieben Sie nun die linke Hüfte weit nach links. Zurück in der Ausgangsstellung, beginnen Sie wieder mit dem Schritt nach rechts.
- Sie können während des Hüftwippens auch in die Knie gehen. Wippen Sie kräftig mit den Hüften, wenn Sie nach unten in die Knie bzw. nach oben in die Ausgangsstellung zurückgehen.
- Gehen Sie mit der liegenden Hüftacht nach vorn: Schieben Sie die rechte Hüfte diagonal nach vorn, und machen Sie dabei einen Schritt vor. Das Körpergewicht liegt jetzt auf dem rechten Fuß. Nun kreisen Sie mit der rechten Hüfte nach hinten, die linke Hüfte dreht sich dabei nach vorn. Setzen Sie zugleich den linken Fuß vor, so dass jetzt das Körpergewicht auf der linken Seite lastet. Nun kreisen Sie mit der linken Hüfte diagonal nach hinten, die rechte Hüfte kommt wieder nach vorn, und Sie sind wieder am Anfang und setzen den rechten Fuß vor.
- Verstärken Sie den schlangenhaften Effekt der stehenden Hüftacht, indem Sie vorher in die Knie gehen. Versuchen Sie, die vertikalen Kreise möglichst schnell zu beschreiben, und verändern Sie die Richtungen der stehenden Achten, also von unten nach oben und umgekehrt.

Der kleine Hüftkreis wird häufig mit gebeugten Knien variiert. Gehen Sie während des Kreisens etwas mehr oder weniger in die Knie, wobei Sie immer wieder nach oben kommen. Eine der gängigsten Variationen beim großen Hüftkreis ist das Zwischenfedern des Beckens. Kreisen Sie einige Male im großen Hüftkreis, bis Sie den richtigen Schwung haben. Beginnen Sie dann mit dem Becken während des Kreisens auf und ab zu wippen.

Der Kamelgang lässt sich mit dem Kreuzschritt nach hinten sehr wirkungsvoll kombinieren. Machen Sie einen Schritt nach hinten, indem Sie den linken Fuß hinter die rechte Ferse setzen. Nehmen Sie den Schwung der Bewegung mit, und führen Sie den Kamelgang nach rückwärts aus.

Eine weitere Kombination ergibt sich aus dem Arabischen Grundschritt in Verbindung mit der Dreischrittdrehung. Beginnen Sie mit dem rechten Fuß. Wenn Sie bei diesem Vor-Rück-Schritt bei Schlag vier auf dem linken Fuß stehen, schließen Sie mit dem rechten Fuß die Dreischrittdrehung an. Besonders keck wirkt bei allen Drehungen ein abschließender Hiplift.

Kombinationsmöglichkeiten einiger Grundkursübungen

Kombinieren Sie nun einige der bekannten Bauchtanzbewegungen mit Drehungen und Schritten.

- Verbinden Sie den großen Hüftkreis mit einer Drehung um die eigene Achse. Kreisen Sie im Uhrzeigersinn zunächst im kleinen Hüftkreis, und werden Sie dann immer größer. Wenn Sie meinen, dass der Kreis groß genug ist, beschreiben Sie eine Drehung in dieselbe Richtung um Ihre Achse. Nehmen Sie für die Drehung den ganzen Schwung Ihres kreisenden Beckens mit. Wenn die Drehung nicht auf Anhieb klappt, versuchen Sie es zuerst mit einer Acht-, Vier- oder Zweischrittdrehung. Üben Sie so lange, bis Sie die Drehung um 360 Grad beherrschen.
- Auch einfache Hüftschwünge lassen sich mit Drehungen, z. B. einer Vierteldrehung, kombinieren. Stellen Sie den rechten Fuß auf Zehenspitzen vor sich ab. Schwingen Sie mit der Hüfte einige Male auf und ab, und verlagern Sie dann Ihr Körpergewicht auf den rechten Fuß, indem Sie ihn ganz auf dem Boden absetzen. Drehen Sie sich sogleich mit der linken Seite um 90 Grad, und stellen Sie dann den linken Fuß auf den Zehenspitzen ab. Schwingen Sie jetzt mit der linken Hüfte auf und ab, belasten Sie Ihre linke Seite, und machen Sie dann um die rechte Seite eine Vierteldrehung. Sie können die Drehungen auch um eine halbe Umdrehung oder eine Dreiviertelumdrehung vergrößern.
- Verbinden Sie als Nächstes den Kreuzschritt rückwärts mit einfachen Hüftbewegungen. Machen Sie zunächst mit dem linken Bein einen Schritt zurück, und setzen Sie den Fuß hinter der Ferse des rechten Fußes auf dem Fußballen ab. Rollen Sie ihn vom Ballen zur Ferse hin langsam ab. Verlagern Sie Ihr Körpergewicht ganz auf das linke Bein, so dass sich die rechte Hüfte nach vorn dreht. Winkeln Sie das rechte Bein an, und heben Sie es hoch. Heben Sie die Hüfte ebenfalls an, und führen Sie Hiplifts oder Hipdrops aus.

Eine **Choreografie** für Stück Nr. 2 der CD

Sie knien auf dem Boden und neigen Ihren Kopf nach vorn. Wenn die Musik beginnt, öffnen Sie langsam Ihre Arme zur Seite.

0.08 Sobald das Saxophonspiel einsetzt, beginnen Sie mit ***versetzten Schlangenarmen*** (jeweils 4-mal). Stehen Sie mit weiteren Schlangenarmen langsam auf. Beginnen Sie im Stand mit ***kleinen Hüftkreisen*** (2-mal rechts, 2-mal links), und führen Sie in der gleichen Richtung Handkreise durch. Gehen Sie anschließend in ein sanftes ***Hüftdrehen*** über, das Sie mit Handwellen kombinieren (4-mal wiederholen).

0.35 Die Handwellen gehen nun in Armwellen über, das Hüftdrehen wird zur ***liegenden Hüftacht*** erweitert (4-mal wiederholen). Verlagern Sie Ihre Armwellen langsam nach vorn (2-mal wiederholen), bis Sie über dem Kopf angelangt sind. Überkreuzen Sie Ihre Hände über dem Kopf. Gleichzeitig wiegen Sie Ihren Körper in der ***stehenden Hüftacht***, der Schlangenacht (4-mal wiederholen).

1.04 Die Arme lösen sich bei der letzten Schlangenacht auf, und Sie führen ein langsames Armkreuzen vor Kopf und Oberkörper aus. In sanften ***Handwellen***, beginnend mit dem rechten Arm, führen Sie die Arme zur Seite bis auf Schulterhöhe. Gehen Sie dann mit Armwellen langsam nach vorn, und machen Sie ***Klassische Arme*** (4-mal). Beugen Sie Ihren Oberkörper dabei nach hinten. Kommen Sie mit Handkreisen wieder in die Grundstellung, und bringen Sie Ihre Arme langsam in die Hüft-Armhaltung. Es folgt die liegende Hüftacht (4-mal wiederholen).

1.50 Sobald die Tabla einsetzt, drehen Sie die rechte Hüfte zur Körpermitte, beschreiben einen weit ausholenden Halbkreis zur Seite und machen einen kräftigen ***Hüftkick***, indem Sie die Hüfte auf das »Dum« der Trommel schwer fallen lassen (wechselseitig 4-mal wiederholen). Machen Sie versetzte Schlangenarme zwischen zwei Hüftkicks und zum Schluss. Gehen Sie dann in einen ***großen Hüftkreis*** über. Wippen Sie dabei das Becken im Takt der Trommel (3-mal im und 3-mal gegen den Uhrzeigersinn). Die Arme sind in der Schläfe-Seit-Armhaltung.

2.24 Die Musik wird schwungvoller, und Sie gehen jetzt im wechselseitigen ***Hüftschwungschritt*** (4 Schritte vor und 4 zurück) mit abschließendem Hipdrop. Die Arme sind in der Grundhaltung, die Handflächen weisen nach unten, beim Wechsel der Hüfte werden die

Die hier vorgestellte Choreografie bezieht sich auf das Stück Nr. 2 der CD.

Die Zeitangaben und Abschnitte markieren eine neue Abfolge von Bewegungen und/oder einen Wechsel in der Musik. Es kann durchaus sein, dass Sie am Anfang in einem langsameren Tempo tanzen. Dann wiederholen Sie bestimmte Bewegungen einfach nur dreimal statt viermal und schaffen sich fließende Übergänge. Üben Sie am besten zunächst einzelne Abschnitte.

Hände gedreht. Gehen Sie dann in einen dreigeteilten Hüftschwung (1-mal rechts und links ausführen) über, wobei Sie die Hüfte auf das »Tak« der Trommel betont heben, auf das »Dum« betont senken. Es folgt ein großer Hüftkreis nach rechts und links mit Schläfe-Seit-Armhaltung. Machen Sie sogleich mit dem Kamelgang weiter (3 Schritte diagonal nach rechts), den Sie mit einem Schultertwist in Rückenlage (2-mal) abschließen und dann zur linken Seite ausführen. Dazu machen Sie Armwellen.

2.50 Fahren Sie mit einem wechselseitigen ***großen Hüftkreis*** fort (5-mal wiederholen). Darauf folgen wieder der ***Kamelgang*** (2 Schritte diagonal nach rechts), Armwellen, abschließender Schultertwist, Seitenwechsel und ***großer Hüftkreis*** (3-mal im, 3-mal gegen den Uhrzeigersinn). Jetzt gehen Sie in ein ***Hüftdrehen*** über, die Arme in der Grundhaltung.

3.30 Die Musik wird schneller, und Sie steigern das Hüftdrehen zum wechselseitigen ***Twistschritt*** (10-mal). Dann folgen wieder der ***Hüftschwungschritt*** mit Hipdrop (8-mal) und der ***dreigeteilte Hüftschwung***. Ein anschließender ***kleiner Hüftkreis*** nach rechts und links leitet über zu ***Kamelgang*** (3 Schritte diagonal nach rechts), Armwellen und Schultertwisten (2-mal), dann erfolgt ein Seitenwechsel nach links. Danach twisten Sie mit den Schultern (4-mal vor und zurück). Verlagern Sie das ***Twisten*** auf die Hüften. Drehen Sie diese zuerst vor und zurück, und gehen Sie nochmals wie oben in den ***Twistschritt*** über.

4.43 Sobald die Tabla schneller wird, gehen Sie im ***Dreiviertel-shimmy*** nach vorn.

4.50 Das Saxophon setzt wieder mit dem Solospiel ein, und Sie dürfen nun alle ***isolierten Arm- und Handbewegungen*** einbringen, die Sie kennen: Schlangenarme, Armwellen, Handkreise, Klassische Arme, Armkreuzen usw. Machen Sie zwischendurch eine liegende Hüftacht.

5.37 Sobald die Tabla zum Solo übergeht, dürfen Sie Ihren ***Lieblingsshimmy*** tanzen. Gehen Sie dabei immer wieder einen Schritt vor und zurück oder auch einmal im Raum umher. Die Arme begleiten die Shimmys z. B. mit Armkreisen nach oben. Der Tanz wird abrupt mit einem ***Nach-oben-Werfen*** des Kopfs und der Hoch-Hüft-Armhaltung auf den letzten Trommelschlag beendet.

Register

Über dieses Buch

Über die Autorin

Renate Hirschberger ist Redakteurin und Autorin zu Themen im Gesundheitsbereich und Mutter zweier Kinder. Auf mehreren Reisen in den Orient kam sie in Kontakt mit der arabischen Musik und dem Bauchtanz, den sie seit mehreren Jahren begeistert praktiziert.

Über die Tänzerin

Yasmine ist deutsch-persischer Abstammung und hat Ausbildungen im klassischen Tanz (Staatsoper Kairo), im klassischen ägyptischen Bauchtanz sowie in den Bereichen Modern Jazz, Flamenco und Folklore absolviert. Sie ist dreifache Europameisterin im Orientalischen Tanz.

Hinweis

Die Ratschläge in diesem Buch sind von der Autorin und vom Verlag sorgfältig erwogen und geprüft, dennoch kann eine Garantie nicht übernommen werden. Eine Haftung der Autorin bzw. des Verlags und seiner Beauftragten für Personen-, Sach- und Vermögensschäden ist ausgeschlossen.

Impressum

Projektleitung
Silke Kirsch, Claudia Markl

Fotos
Michael Nagy, München

Illustrationen
Veronika Moga

Umschlaggestaltung und -konzeption
R. M. E. Eschlbeck/Kreuzer/
Botzenhardt unter Verwendung eines
Fotos von Michael Nagy

Layout
Eva M. Salzgeber, Neubeuern

Gesamtproduktion
Redaktion: Berliner Buchwerkstatt,
Vera Olbricht
Produktion: Berliner Buchwerkstatt,
Ulrike Sindlinger

CD – Produktion
Pr©2006 carthago media projects,
Hamburg

Lithografie
Artilitho, Lavis

Druck und Bindung
Alcione, Lavis

Printed in Italy

ISBN 978-3-517-08296-7

817 2635 4453 6271